和田春樹
李俊揆
林泉忠
前泊博盛
メリ・ジョイス
梶原渉

東アジア非核化構想

——アジアでの市民連帯を考える

原水爆禁止2018年世界大会・科学者集会実行委員会　編

JN191898

本の泉社

はじめに

「原水爆禁止世界大会・科学者集会in東京」は、２０１８年7月29日に明治大学グローバルホールにて開催されました。本書はその内容をまとめたものです。本集会は、広島・長崎で開催される原水爆禁止世界大会の一環として、研究者・科学者が広く核・平和の問題について考えようという趣旨で開かれてきました。２０１８年で32年目、前身の原水爆禁止科学者会議から数えると、51年目の開催となります。

本集会の企画を始めた２０１８年2月の平和をめぐる情勢は、重苦しいものでした。北朝鮮が弾道ミサイル発射実験を行い、Ｊアラートが鳴り響いていました。米トランプ政権は、北朝鮮に対して先制攻撃の脅しをかけ、日本の防衛費に敵地攻撃能力を持った兵器の購入が盛り込まれました。北朝鮮の核問題を口実とした改憲論議が、いよいよ加速化するという状況でした。この情勢に正面から向き合う、重い集会となると考えていました。

しかし、情勢が動きました。オリンピック外交を契機に、２０１８年４月には南北首脳会談が開かれ、板門店宣言が発表されました。6月には米朝首脳会談が開催され、「朝鮮半島の完全な非核化」がうたわれました。その後、米韓合同軍事演習が中止されるなど、東アジアがデタントに向かう大きな機運が生まれました。

しかしながら、こうした機運に対して日本からは冷ややかな見方が大勢を占めていました。一部マスコミは、「完全な核放棄まで圧力を」「米軍のプレゼンスが失われ、地域の不安定化を生む」といった論陣を張り、政権はミサイル防衛を依然として推進しました。その背景には、日米安保体制を前提とした「核の傘」への明確な依拠があります。日本がアメリカの「核の傘」に入るということは、日本が北朝鮮に核を突きつけているということにほかなりません。これまで国民に知らされない中、アメリカの核は度々日本に運びこまれてきました。核兵器による脅し合いの背景には、猜疑心に基づく敵対心が存在します。核兵器に依存しながら国家の安寧を図ろうとする背景には、国家間の相互不信が存在します。

私たちが求めるのは、相互不信に基づく核による安全保障ではありません。対話と協働による安全保障です。それは私たちが約70年前に不戦を誓った、日本国憲法の前文に次のように記されています。「日本国民は、恒久の平和を念願し、人間相互の関係を支配する崇高な理想を深く自覚するのであつて、平和を愛する諸国民の公正と信義に信頼して、われらの安全と生存を保持しようと決意した」。この決意にもう一度立ち返り、対話と協働による安全保障を具体化する歴史的チャンスです。今、東アジアがデタントに向かう中、日本の平和外交路線はいかにあるべきか。相互不信から対話・協働に転換するのに、互いの国民・市民がいかに連帯すべきか。このような問題関心を持って、本集会を企画しました。

長らく北朝鮮政治を研究してこられた和田春樹さんを基調講演者として、東アジア各地・各分野から報告していただきました。その成果を広く世に問おうということで、本書の出版となりました。集会は、例年核のない世界を願う多くの人々からの支援によって、開催されてきました。多くの方々、団体、そしてクラウドファンディングを通して想いのこもった支援をいただきました。この場をお借りして、深くお礼申し上げます。

２０１８年10月

原水爆禁止２０１８年世界大会・科学者集会実行委員会

〈目　次〉

はじめに　2

第1部　基調報告

朝鮮半島の非核化と日本海・日本列島・沖縄の非核化　和田春樹　5

第2部　各地域・分野からの報告

朝鮮半島平和プロセスの展開と東アジア冷戦の解体　李俊揆　30

台湾を取り巻く中米日角逐の新しい展開――「2025無核化」政策と運動と兼ねて　林泉忠　37

朝鮮半島情勢と日米安保――在日、在沖米軍基地問題を中心に　前泊博盛　43

東北アジア市民社会ネットワークの取り組みと挑戦　メリ・ジョイス　55

核兵器のない世界と東アジア非核化構想――反核平和運動の課題　梶原渉　62

第3部　討論

和田春樹・李俊揆・林泉忠・前泊博盛・メリ・ジョイス・梶原渉　68

おわりに　94

第1部　基調報告

朝鮮半島の非核化と日本海・日本列島・沖縄の非核化

和田春樹（東京大学名誉教授）

今、過分なご紹介をいただきました和田です。昨年の11月、米朝戦争の危機が迫ったと考えられました。その危機が米朝首脳会談でひとまず回避されました。そこで開かれている可能性をとらえて、これをチャンスとして精一杯努力をしていくべきときだと思っています。そういうことをこれからお話ししたいと思います。

まず最初にお話ししたいのは、米朝が戦争するまでに対立した土台は何か、その直接的な原因は何かということです。私が考えるのは日本が朝鮮を植民地として支配したという事実、40年間の軍事占領と35年間の植民地支配です。そういう支配のレガシーとして朝鮮はソ連とアメリカに分割占領され、その結果として相互に相手を否定する二つの朝鮮国家が誕生したのです。このことが第一の事態です。第二の事態は、そういう対立の結果として１９５０年6月25日に朝鮮戦争が始まり、この戦争は１９５３年の7月に停戦協定で終わりましたが、本当には戦争は終わっていないという状況です。この二つの事態というものが今日まで続いた危機の基礎をなしていたといえます。

8月15日に降伏した日本帝国の植民地であった朝鮮は米ソによって分割され、南北に二つの国家ができたわけです。この二つの国家はただ南と北に国家ができたというものではなく、それぞれが朝鮮半島における唯一の正統国家であると主張し、相手を外国の傀儡であると見なしていたのです。ソウルの大韓民国は全韓半島が自分たちの版図であると憲法で謳っております。いつか北の方で選挙を行って国会議員を選んで自分たちの議会に招き入れることを考えていました。一方、平壌の朝鮮民主主義人民共和国の憲法にはソウルが首都だと書いてあります。平壌は仮の首都だというわけです。いつかソウルを回復してそこに自分たちの国の首都を移すつもりです。つまり、北でも南でも日本から独立した朝鮮の国家は結局は武力によって国を統一することで建設されると考えておりました。朝鮮戦争はその意味では必然的に起こった悲劇であるといえると思います。

朝鮮戦争の開始をめぐっては、どちらが先に攻めたのかという論戦が長く続きましたが、今ではソ連の資料が公開されたことにより、この点はほぼ完全に明らかになっています。北側がソ連の支援、中国の承認を得て、最初に武力統一の試みを始めたことは疑いの余地がありません。朝鮮人民軍は破竹の進撃で、韓国の東南端に韓国軍を追い詰めましたが、その勢いはアメリカ軍によって阻止されます。当時アメリカは敗戦国日本を占領していました。日本に四個師団を置いていましたが、この四個師団をただちに朝鮮戦争に投入しました。そして横田と嘉手納に100機のB‐29を集め、連日のように北朝鮮軍と北朝鮮を攻撃しました。そして最後は、神戸と横浜から、4分の3は日本人の船員が操縦する大型上陸強襲艇にアメリカ海兵隊をのせて、仁川上陸作戦を行って、北朝鮮軍を敗走させることになりました。

北朝鮮が自分たちが考えている統一がもう実現する直前まで進んだと思ったところでアメリカ軍の反攻を受けて敗退するということになりました。そうなると、韓国の李承晩大統領が待っていましたとばかり、韓国に統一するのだと北に攻め込ませました。アメリカも国連の新しい決議を得て国連によって統一するということで北に攻め込んでいきました。平壌は陥落して、米韓軍、国連軍は鴨緑江の近くまで進出します。今度は南からの統一が完成できるという瞬間に、中国人民志願軍38万人が投入され、南からの統一の動きは阻止されるのです。アメリカ軍と韓国軍は敗走することになったわけです。つまり、それぞれまず北から試みられ、ついで南から試みられた武力統一の戦争は、最初は米国によって、次は中国によって阻まれ、戦争は朝鮮半島における米中戦争に転化したわけです。この戦争は38度線のあたりで膠着する状態になりまして、ついに引き分けになります。革命中国はアメリカとの戦争において引き分けを勝ち取ったということで、生存の権利を勝ち取ったことになるわけです。ですから、中国にとってはこの戦争は非常に意味のあるものとして終わったといえます。しかし、朝鮮の南北にとっては武力統一戦争は目的を果たさず、まったくの悲劇として終わったということです。

１９５３年の7月に停戦協定が国連軍と人民師範軍・朝鮮人民軍の間で結ばれ、停戦になりました。停戦とは撃ち方止めということです。その後、ジュネーブ会議が開かれて、ソ連・中国も加わり、統一選挙の方案と外国軍軍隊の撤退問題が議論されました。まったく意見が合いませんでした。結局、平和の取り決めは結ばれず、以後65年間停戦協定のままになりました。軍事的な対峙が続きました。軍事的な対峙の中心は米国と北朝鮮になっているわけです。これが、米朝対立の土台です。

中国人民志願軍は１９５８年に全面撤退しました。国連軍の中心であるアメリカ軍はそのまま韓国に残りました。韓米相互防衛条約が結ばれ、それに基づく駐留というわけですが、指揮権は国連軍司令官として米軍司令官が握り続けています。北朝鮮は１９６１年にソ連、中国と相次いで友好協力相互援助条約を結び、有事のかけつけ軍事支援の約束をとりつけました。そのときソ連は北朝鮮に核の傘を提供したと考えられます。

１９８９年から１９９１年にかけまして、世界史の巨大な転換が生じました。東西冷戦が終わり、ソ連は米国と和解し、東欧諸国とともに、韓国と国交を結ぶという事態になりました。北朝鮮は朝ソ条約が有名無実化し、ソ連の核の傘が喪失することを覚悟せざるをえなくなりました。やがてソ連・東欧の国家体制、国家社会主義体制が崩壊しました。

一方中国はこれより17年も前に米国と和解して、改革開放の体制に転換していました。他方でベトナムは１９７５年に米国との戦争を完全勝利で終え、国土の統一を成し遂げています。北朝鮮だけがこの大転換から取り残されていくことになります。北朝鮮は孤立の中で、生き延びる道として三つのオプションを採用したと考えられます。

第一のオプションは、ソ連の核の傘を失いましたので、米国との軍事的な対峙のために自前の核兵器を持つことを追求するということです。１９９０年9月に訪朝したシェヴァルナッゼソ連外相に対して金永南外相が覚書を渡しました。「ソ連が南朝鮮と『外交関係』を結ぶなら、朝ソ同盟条約は自ら有名無実なものとすることになるであろう。そうなれば、我々はこれまでの同盟関係に依拠していた若干の兵器も自分のために調達するための対策を立てざるをえなくなるであろう。」これは朝日新聞にスクープとして１９９１年の1月1日に載りました。これが第一のオプションです。

第二のオプションは日本との国交樹立です。韓国がソ連と東欧諸国と国交を樹立していく、そしてゆくゆくは中国とも国交を結ぶだろうという状況の中で、北朝鮮としては日本と国交樹立をすることによって孤立から逃れようとしました。さらに賠償であれ経済協力であれ日本から新しい資金と技術を得て、経済の発展をはかるという考えもあったでしょう。１９９０年、金丸・田辺訪朝団が平壌に参りましたときに朝鮮労働党と三党共同声明を出して、日朝国交交渉の開始が表明されました。

第三のオプションは韓国との国家的な共存を認めるということです。韓国の存在を認めるということです。南北が国連に同時に加盟するということが１９９１年に実現するのです。そして、それまでは否定していたクロス承認を受け入れるということです。クロス承認というのはアメリカと日本が北朝鮮を承認し、ソ連と中国が韓国を承認すると方式のことですが、これは北朝鮮は二つの朝鮮政策だと反対してきましたが、それでいいということになったのです。

ところがこの三つのオプションは、矛盾しました。まず核武装・核開発という第一のオプションは米国の強い警告と反発を呼び起こしました。核兵器不拡散条約に違反していると非難されたのですが、アメリカは北朝鮮が核開発して核武装することを絶対許さないという考えでした。それで第二のオプションで日朝国交交渉が始まりますが、それに対してアメリカは核開発をするような核武装を目指すような北朝鮮と日本が国交を樹立することは認めないという考えでした。日朝国交交渉は始まりましたが、1年半、8回の会談で打ち切られてしまい、以後8年間交渉を行うことができませんでした。

第三のオプションからして、1991年には朝鮮半島非核化共同宣言が出たのですが、これは第一のオプションとは完全に矛盾しました。結局三つのオプションを北朝鮮はうまく進めることができず、結局やることができたのは核兵器の開発のみということになってしまいました。それによって米朝対立が決定的になって、そして最後に米朝戦争の危機が生まれることになりました。これが、米朝対立・米朝戦争の危機の土台であり原因です。

米朝戦争の危機は、私の考えでは昨年の11月に頂点に達したという認識でおります。昨年の9月に北朝鮮は第6回目の核実験を行いました。北朝鮮は水爆の実験をやっており、この時は水爆を小型の弾頭にするための実験だと言われています。その核実験のあと、トランプ大統領と安倍首相が急遽相談して、北朝鮮のこの動きに徹底的に対抗していくということで合意しました。

まず9月にトランプ大統領と安倍首相は国連総会で演説をし、北朝鮮を徹底的に攻撃して、核兵器を放棄するように要求しました。トランプ大統領は、「強いられれば米国は『北朝鮮を全的に破滅させる（totally destroy North Korea)』以外の選択肢はなくなる」と宣言しました。安倍首相は「テーブルの上にすべての選択肢が載っているという米国の決断を支持する」とはっきりと表明しました。アメリカが軍事的なオプションをとるとき、日本はそれを支持し、それに従っていくと世界的に表明したのです。

11月5日にはトランプ米大統領は東北アジアを訪問しました。まず日本に着陸した日、横田基地に日米の将兵2000人を集め、演説しました。「同盟国と米国を守るために圧倒的な能力を行使する用意がある」と述べたのです。横田基地は先に申したように、嘉手納とともに、B-29が飛び立って北朝鮮軍・北朝鮮を徹底的に、いわば石器時代に戻したと言われるくらいの爆撃を加えた基地です。そこで日米の兵士にトランプ氏の直接的な訓示がなされたのです。

翌日首脳会談を終えたあとの記者会見で首脳会談の結果を発表したのは安倍首相です。安倍首相は米国があらゆる選択肢をテーブルの上に載せているという態度を完全に支持すると重ねて述べ、「日米は今や100％ともにある」、「あらゆる手段で北朝鮮に対する圧力を最大限まで高めていくことで完全一致」したと述べました。2日後、トランプ大統領は韓国の国会で演説しまして、北朝鮮の体制について「監獄国家」である、「カルト集団に支配された国」である、「ならず者国家」であるというふうに口を極めて罵倒しました。そして北朝鮮は「人間にふさわしくない地獄だ」と決めつけ、北朝鮮の国民は「奴隷以下」であると辱めました。このような不道徳な、正義に反する国家というものは崩壊しなければならない、我々はそういう国家を許さないと言ったに等しい言葉でした。

その上で北朝鮮の指導者に対して「攻撃を止め、弾道ミサイルの開発を停止し、完全で、検証可能な全面的な非核化をする」ことを要求したのです。これは、両手を挙げて出てきて、米国大統領に無条件降伏せよと求めているに等しい態度でありました。

11日からは日本海で米空母3隻が参加する米韓海軍合同演習が始まりました。日本の自衛艦も加わりました。演習にはホワイト級の演習艦、イージス艦、駆逐艦が参加しました。空軍はもちろんグアムからB-52、B-1、B-2が飛来しました。米空母3隻が日本海に並ぶということは、かつてないことでした。これは米国の北朝鮮に対する軍事的な圧力の最高の形でした。米国が北朝鮮の核兵器開発、「大陸間弾道ミサイル（ICBM）」開発を許さないとして攻撃すると決断した場合には、この日本海に展開する米海軍の艦船からの巡航ミサイル攻撃から始まる他ないのです。香田洋二元海上自衛隊司令官の見立てでは、そういう初発の攻撃においてミサイルは500発から600発が使用されることになるでしょう。目標は北朝鮮のミサイル基地、核施設、38度線以北の野戦砲群です。

米軍がこのような行動に出た場合には、当然ながら北朝鮮は反撃する、あるいは米軍がそういう攻撃をすることが迫っていると判断したら、北朝鮮は先に攻撃するかもしれない。北朝鮮側がどこを攻撃するのかといったら、米第七艦隊の本拠地である佐世保と横須賀をミサイル攻撃するということになるわけです。海兵隊の飛行場の岩国、そして普天間、さらに空軍基地の嘉手納、横田、三沢そういうところが攻撃対象となる。昨年、３月６日４発のミサイルが同時発射されまして、秋田沖に３発が落下しました。そのとき、朝鮮中央通信は「不測の事態が起きた場合、日本に駐留する米国の帝国主義者の敵軍部隊の基地を攻撃する任務にあたる砲兵部隊によって実施された」と発表しました。つまり米朝間に戦争が起これば、在日米軍基地を我々は攻撃する、そのためのミサイル部隊をすでに配備していると公表したわけです。壊滅的な攻撃を受ければ、北朝鮮は残るミサイルはすべて撃つことになるでしょう。核ミサイルがあれば、これを撃つということになります。大方の見方では、核ミサイルの目標は東京だといわれていますが、私は米軍基地に対する攻撃ということでいえば、一番狙われるのは沖縄ではないかと見ております。

日本の国内では別に核ミサイルを使う必要もなく、日本海側に柏崎刈羽から松江、佐賀県の玄界まで、23基の原子炉が存在しますから、そこを攻撃すれば核爆弾を投下したことと同じことになります。北朝鮮は当然ながらミサイルの照準を米軍基地に合わせていますが、原子力発電所の原子炉にも合わせているのではないかと考えます。

トランプ大統領が最後通牒的に降伏要求を出して、帰った後に行われた日本海での海軍の演習で示された米朝戦争のイメージはこういうものでした。

これに対して北朝鮮は11月29日、ＩＣＢＭ火星15号を発射しました。米全土をカヴァーする、１万４０００キロを飛びうることが示されました。その上で、自分たちは「核戦力完成の大業」、「ロケット強国偉業」を達成したと宣言しました。この瞬間にアメリカはどうするかということが問われたわけです。

先ほど名前を出した香田洋二氏が、昨年12月に、『北朝鮮がアメリカと戦争をする日』（幻冬舎新書）を出版しました。この人は読売新聞のシンポジウムで、安倍さんの言っていることを念頭に置いて、アメリカが北朝鮮に対して行動する時に、日本は“I'm with you〟と言わなければならなくなるだろうと言った人です。これが読売新聞の紙面に公然と報道されて、私はショックを受けました。その人が書いた本ですが、この本は、アメリカは12月から1月、あるいは平昌オリンピックが終わった3月から4月に行動を開始する、つまり米朝戦争を開始するという本です。年末、池袋の本屋にこの本がずらっと並んでいるのを見て、私はショックを受けましたよ。

アメリカ政府内では全面戦争の作戦計画が検討されていたと思います。しかし、このときには、中心的に検討されたのは、限定的な制裁的攻撃案であったようです。マクマスター大統領補佐官を中心にして、「Bloody nose strike（顔の真ん中をなぐって、鼻血を出させて相手を怯ませる）」という作戦が考えられていたことが明らかになりました。これに対して反対したのは韓国駐在大使として承認されていたビクター・チャーという学者です。この人がのちに経過をワシントン・ポスト紙に書きました。彼は「ブラッディ・ノーズ作戦」という限定した作戦を米国が行えば、北朝鮮が全面戦争の開始と受けとり、全面戦争になってしまう、だから絶対反対だと自分は主張したと書いたのです。もちろん、この人は韓国大使になれませんでした。今は韓国の大使として赴任したのはハリスという太平洋軍の司令官、半分日本人の人ですが、その人がすでに韓国大使として赴任しています。

12月の初めには、軍事的な作戦の検討に完全に入っていたことが明らかだと私は思います。

そういう状況になりましたところで、戦争を回避するために必死に努力がなされました。役割を果たしたのは、国連事務総長グテレスだったと思います。彼は12月の初めにフェルトマン事務次長を訪朝させました。11月13日国連総会で採択されました決議「Olympic Truce（オリンピック休戦）について」を持って行ったと思われます。これは、２０１８年2月の平昌、２０２０年の東京、２０２２年の北京の冬季のオリンピック、これらが続いて行われることを指摘して、東北アジアの平和の発展・寛容と理解という雰囲気を醸成する意味深い契機となると述べております。国連総会でこの決議が提案され採択された時に韓国の代表として支持演説を行ったのは韓国の誇る女子フィギュアスケートの選手、金妍兒《キムヨナ》さんでした。

つまり平昌オリンピックというものを利用して戦争を回避することができると北朝鮮に説得したということで

す。韓国政府も当然に密使を派遣していたと思われます。それは12月の末に韓国で韓中日三連続のオリンピックを東アジア平和と祝祭の機会にせよ、平昌オリンピック期間の軍事行動を中止せよ、米朝対話を求めたいという72人の声明が出たことからもわかります。

そういう働きかけがあって、金正恩《キムジョンウン》委員長が考え方を変えたと私は考えます。金正恩委員長もアメリカとの核戦争の姿を目の前で見て、踏みとどまったのではないでしょうか。彼は本年の元旦の新年の辞で、平昌オリンピックは「民族の地位を誇示する良い契機となるし、われわれも大会が成功するよう心から願う」と述べ、我々も大会に参加する、このためにただちに南北間の協議を行いたいという提案したのです。これが、大きな変化の第一歩でした。

それから後のことは皆さんよくご存じの通りでありますす。金永南《キムヨンナム》最高人民会議常任委員会委員長と金与正《キムヨジョン》氏（金正恩委員長の妹）が平昌を訪問して、文在寅大統領の平壌訪問を要請する。オリンピックが終わると、韓国の特使が平壌へ行き、金正恩委員長と会談して、そしてその会談を大きく報道する。南北首脳会談で合意した、北は非核化の意思がある、対話中は核実験・ＩＣＢＭの発射は停止する用意がある、米朝首脳会談を望むということを金正恩委員長が言ったということが公表されました。韓国の特使が直ぐにアメリカを訪問して、トランプ大統領にこの内容を伝えると、トランプ大統領はこれを即決で受諾するということになったのです。続いて4月27日南北首脳会談が行われ、板門店宣言が出ました。朝鮮戦争の終結が事実上宣言され、「朝鮮半島の完全な非核化」という意思が表明されました。

多少の曲折がありましたが、6月12日、ついに朝米首脳会談がシンガポールで実現したのです。首脳会談の声明は、非核化の内容が乏しいという議論がありますが、しかし、首脳会談声明としては私は最も良い内容のものになったと考えています。トランプ大統領は「朝鮮に安全の保証を与え」、金正恩委員長は、「朝鮮半島の完全な非核化に向けた堅固で揺るぎない決心を再確認し」、その上で「米朝は平和と繁栄を望む両国民の願いに従って、新しい米朝関係を樹立する」、「朝鮮半島に永続的で安定した平和体制を築くために協力する」ことで一致したという共同声明を発したわけです。両首脳が握手して、この声明を出したという意味で、この首脳会談は米朝戦争を回避することに成功した会談となったと考えます。キューバ危機を回避したケネディ大統領とフルシチョフ書記長の往復書簡、米ソ中距離核ミサイル全廃合意を導くゴルバチョフ書記長とレーガン大統領のレイキャビン会談にも比肩される歴史的な会談であったといえます。

この会談がアメリカの降伏要求に対して北朝鮮が全面的に応ずると申し出て、敗者としてアメリカと会うという会談であるならば、核兵器を放棄するための段取りが細かく決められるはずです。しかしこの会談はそういう会談ではない。要するに北朝鮮は核兵器を廃棄する意思を表明し、そのための条件を提起して協議を始めることを決めた会談です。対等なもの同士の相互尊重の外交交渉を開始することで合意した会談です。これは、核兵器を持っている二国間の核軍縮交渉の始まりなのです。

さて、これからが大変な交渉になるというわけです。すでに２００５年９月に六カ国協議の合意がなされています。米朝交渉はその合意を乗り越えていかなければなりません。なぜならば、２００５年９月の合意というのは、北朝鮮がまだ核兵器を持つ前の合意、北朝鮮が核兵器をつくらないと約束する合意であったのです。今は北朝鮮が核兵器を持っていてＩＣＢＭも持っているという状態の中でそれらを放棄するにいたるための合意をつくり出さなければならないのですから、２００５年の合意を乗り越えた、さらに徹底した、より体系的なプログラムになるのは当然です。

２００５年の合意にはどういうことが盛り込まれているかというと、北朝鮮は核兵器と核計画を放棄する、米国は朝鮮半島に核兵器を持ち込まず、北朝鮮を核兵器・通常兵器で攻撃する意図を持たない。米朝国交正常化、日朝国交正常化を行う。六者は経済的に協力関係を持つ、そして北朝鮮にはエネルギー支援を行う、朝鮮戦争の直接の当事者は朝鮮半島の平和体制のために協議を行う、さらに東北アジア全体の平和構築を探求するための方策を協議する、こういう内容になっているわけです。驚くべき内容ですが、その合意を実現していく方策も決められています。約束対約束、行動対行動の原則に従っていく、段階的に実施していく、そして相互に調整された措置をとるというのです。２００５年９月にすでにそういう合意がなされていました。しかし、それは活かされなかったわけです。今では、その合意を超えた合意にならなければならないのは当然です。

さて米朝首脳会談の合意では、アメリカが朝鮮に安全の保証を与え、北朝鮮の方は朝鮮半島の完全な非核化を実現する、ということになっております。米朝間の間では、真の不可侵・共存・平和・協力の体制をつくる道に立つことが前提です。米朝間の関係を根本的に変えるということが、この交渉の前提です。しかし、それは簡単なことではありません。とりあえず米国側は米韓軍事演習の次の予定を中止することを発表しました。北朝鮮側は朝鮮戦争で死んだ米兵の遺骨の引き渡しを始めました。小さなスタートですね。ここから米朝国交正常化とか、米朝不可侵条約というところにどういう順序で進んでいけるのか、大変難しい交渉になるでしょう。

したがって、核とミサイルの問題と安全の保証をシンクロナイズして行うとして、核とミサイルをなくせば、米朝国交正常化をしますよ、米朝不可侵条約を結びますよというのでは、交渉にならないのです。核ミサイル問題の解決に先立って米国は何をどういう順序でやるのか真剣に考えなければならないのです。

非核化の本題に入ると、米国は、韓国軍は核兵器を持っていない、在韓米軍は1991年に戦術核兵器を撤去したのだから、朝鮮半島の非核化というのは要するに北朝鮮の核の廃棄のことだと主張するでしょう。そのやり方はＣＶＩＤ、すなわち「完全かつ検証可能な不可逆的な非核化」でしかないと言われています。完全な非核化といえば、検証可能で不可逆的なものでなければならないのは当然です。しかし、そのためにまず重要なのは北の核施設の申告であり、査察だといわれると、北朝鮮というハリネズミ国家、極度に閉鎖的な国家の最も秘密の部分を対外的に開放、公開しろということになります。つまり北朝鮮が今の北朝鮮でなくなることを要求することになります。それは非常に難しいことです。それを可能にしていくには、北朝鮮の対外開放のレベルを上げることがまず必要になるのです。これも交渉の大きな内容になるはずです。

北朝鮮からみればどうなるか。韓国全土、とりわけ在韓米軍は間違いなく米国の核の傘に入っているはずです。だから、韓国側に対する米国の核の傘を取り除かなければ、朝鮮半島の非核化にはならないと北朝鮮は要求すると思います。そもそも在韓米軍というものは、核武装の戦力である米国軍隊の一部なのだから、ことが起きれば核兵器搭載の爆撃機や、核ミサイル搭載の原子力潜水艦が駆けつけてくるということになるわけです。ですから、朝鮮半島の非核化というのだったら、在韓米軍はどうするのか、縮小するか撤退させるかということを問題にせざるをえないということになるのではないか。今は北朝鮮は在韓米軍を問題にしていないと言ってますが、北朝鮮が問題にしないはずがないといえます。

北朝鮮の核兵器とミサイルは、自らの通常兵器の明らかな劣位を補う手段ですから、米韓側のステルス戦闘機、ステルス爆撃機や、無人機などを含む、高度な兵器装備をそのままにしておいて、北に核とミサイル・ICBMを放棄させるというのは無理でしょう。これはおかしい、不平等だという主張が北朝鮮から出るのは当然だと思います。つまり、朝鮮半島の非核化ということは、朝鮮半島の全面的軍縮ということを必要とするわけです。

さて在韓米軍問題が前に出ますと、米軍は韓国に駐留しているのは、1949年に米軍が撤退した後に北朝鮮が南進攻撃したからだ、朝鮮戦争をあなたがたが始めたから、我々は北朝鮮の再侵略を恐れる韓国の要求で、朝鮮戦争後に韓米相互防衛条約を結んだんだ、韓国国民との約束だから米軍撤退ということはありえないと主張するかもしれません。あるいは、韓国内部の保守派がそうしてもらっては困ると主張するかもしれません。そうすると、北朝鮮側は、仁川上陸作戦の直後、米軍は北朝鮮に攻め込んだじゃないか、韓国軍も攻め込んできて平壌を占領しただろう、だから朝鮮ではこの戦争を祖国解放戦争と呼んでいるんだと、主張するかもしれません。そういうふうに北朝鮮側が言うと、朝鮮戦争そのものについての共通の歴史認識というものが南北間、米朝間には存在しないことが明らかになります。それぞれがそれぞれの認識に基づいて博物館をつくり、歴史教科書をつくって国民を教育しているのです。

朝鮮戦争の終結を宣言しただけでは、朝鮮戦争は終わらないのです。朝鮮戦争というのはどういう戦争であったかということを討論して、共通の認識をつくって、あの戦争を繰り返さないという決意を固めなければ、朝鮮戦争を終わらせることはできないのです。ですから、朝鮮戦争の終結の問題というものも深刻な問題であって、決して簡単には解決できない問題なのです。

このように北朝鮮側が主張する問題や疑問を無視して、強引に結論を求めることになりますと、合意ができないし、いったん合意ができたかに見えても、合意の後に問題が発生して不信が生まれて約束が履行されない状況になってしまうわけです。

さらに朝鮮半島に安全の保証を与えるということを考えると、朝鮮半島の非核化ということだけではすまないのです。先ほども申しましたように、米朝戦争は日本海を通じて行われる戦争、日本海戦争になるというのが、大方の専門家の意見ですが、となれば北朝鮮が自国の非核化を実現するのには、朝鮮半島の非核化にとどまらず、日本海の非核化、さらには日本列島・沖縄の非核化を求めてくることが予想されます。そういうことになると、米軍基地が問題になってくるのです。在日米軍基地を撤去する、在日米軍を撤退させるということも問題になるということです。すでに国連の会議で、北朝鮮の代表は北朝鮮に核兵器をなくせというのだったら、日本は米軍に核の傘を求めるのは止めなきゃいけないんじゃないかとはっきりと国連で発言しております。米国にとって日本の基地は決定的に重要ですから、そういうことを言われれば、話にならない、そんなことなら決裂だといっていきり立つかもしれませんが、決裂してしまえば話は終わってしまいます。論理的に考えれば、北朝鮮が問題を提起すればアメリカが議論を拒絶することはできないはずです。日米安保条約体制の問題が北朝鮮の非核化のための米朝交渉に出てこざるをえないということになってくる。日本国民にとって、敗戦以来70年以上、永遠の運命であったような在日米軍と基地の問題を議論する機会が初めて現れてくるということであります。こういう問題が出れば、これは米国と北朝鮮だけの問題ではない。韓国のみならず日本の交渉参加も当然必要になって、さらにはロシア・中国の交渉参加も不可避となるわけです。

朝鮮半島の完全な非核化は、朝鮮半島の完全な平和化、朝鮮半島を平和の土地とすることと切り離せないわけです。核兵器だけなくせばいいということでは、核兵器をなくすことはできないのです。さらに北朝鮮が直面した米朝戦争の危機は、日本海戦争の危機である以上、日本海の非核化、平和化が必要になる。そして言うまでもなく日本海の非核化・平和化は日本列島・沖縄の非核化・平和化と切り離すことはできないわけです。ですから米朝交渉によってとりまとめられるべき朝鮮非核化の最終的なプログラムは、朝鮮半島・日本海・日本列島全体を包含する、平和・軍縮・非核化のプログラムである以外にはないわけであります。具体的には、米韓合同演習、在韓米軍問題、朝鮮戦争の平和体制、南北不可侵の保障の問題、東北アジアの軍縮の問題、日本海の平和保障、在日米軍の問題を含むということになります。対等な両当事者の交渉であるなら以上のような論点について、慎重に綿密に検証して討論を重ねてその中から合意をつくり上げていかなければならないのです。

事を一挙に解決することは到底不可能です。米朝首脳会談は何回も行われ、あるいはトランプ氏ですまなければ次の大統領も登場して、交渉を行わなければならない。金正恩氏の地位は選挙で変わることがありませんから。そしてある段階からは、二国間の交渉から六者間の協議に進んでいかなければならなくなるのです。これは非常に難しい交渉です。非常に難しい交渉ですが、失敗が許されない交渉です。米国大統領と北朝鮮の委員長が合意したという以上、もはや決裂は許されない交渉なのです。成功すれば我々の地域、東北アジア地域を決定的に変えることになるでしょう。だからこの地域のすべての国家がこの交渉の過程に参加し、これを助けなければならないことになるのです。これを傍観することは許されない。特に日本の責任は大きいということです。

日本がこの交渉に参加し、この交渉を助けるのに、資格を持っているのは、すでに指摘したように、北朝鮮が１９９０年の孤立を抜け出るために採用した三つのオプションの一つ、第二オプションが日朝国交正常化、彼らの言葉では朝日国交正常化であったということです。つまり日本との国交正常化を朝鮮側が望んでいるということです。日本に対してどんな批判があるにしても、日本との国交正常化を望んでいるのです。ですから日本が北朝鮮に対して国交正常化交渉を再開しましょうと言えば、北朝鮮は断る理由がまったくないのです。そういうふうにすれば、日朝交渉を始めることができます。今、日本政府は拉致問題を交渉したいと言っています。しかし、拉致問題の交渉はできない状態になっているので、北朝鮮から相手にされていないのです。

日朝国交交渉は、1991年から始まって2年やりましたが、アメリカの反対があってストップしました。8年間ストップして、2000年に再開され、3回会談が行われましたが、拉致問題で行き詰ってしまいました。その直後から小泉首相が外務省アジア大洋州局田中均氏に秘密交渉をさせます。これは北朝鮮が秘密交渉を申し込んできたのに、応じて交渉することにしたのです。秘密交渉を1年半ほどやって、2002年9月に日朝首脳会談が行われました。日本がアメリカに秘密にして、アメリカにつながるすべての人に秘密にして、外務省の中でも、官邸の中でも秘密にして交渉をするという異常な、大変な決意を持ってした交渉でしたが、それで首脳会談に漕ぎつけることができたのです。

外務省の中で秘密にされていたのは北米局長、条約局長、総合外交政策局長です。官邸の中ではただ一人秘密にされていたのは安倍晋三官房副長官でした。話がまとまったところで、この人たちにみんな知らせて、アメリカにも知らせる。こういうやり方をとりました。それで、首脳会談にこぎつけて、日朝平壌宣言を発表しました。そこで日本は植民地支配のもたらした損害と苦痛に対して反省、謝罪する、国交樹立後に経済協力を行うことを表明しました。北朝鮮側は拉致問題について「日朝が不正常な関係にある中で生じた……遺憾な事態」と認めて、謝罪し、二度と繰り返さないと誓約し、13名を拉致し、5名生存、8名死亡と通告した。大変な前進を勝ち取られましたが、それに対して猛烈な反対運動が起こされ、アメリカ政府も再び反対したのです。その結果、5名は帰国したのに、国交交渉は1回やっただけでストップしてしまうという状態になりました。

2004年に小泉首相がもう一度、第2回の首脳会談を試みたのですが、これも横田めぐみさんの遺骨をめぐる対立から、決裂ということになりました。2006年には、ついに小泉氏から自民党総裁の座を譲られ、安倍晋三氏が首相になるにいたったのです。拉致問題の強硬論の持主である安倍氏は首相になるやいなや、内閣を挙げて拉致問題対策本部とすることを決め、拉致問題安倍三原則を打ち出しました。第一原則は「拉致問題は日本の最重要問題である」という暴論です。第二原則は「拉致問題の解決なくして国交正常化はない」という主張であり、第三原則は「拉致被害者は全員生きている。全員奪還してこそ解決だ」とする、最大の暴論です。拉致を行った北朝鮮政府が8人死亡していると通告してきたのに対して、8名が死んだという証拠が示されず、経過の説明が不明確である、したがって8人は生きていると、日本政府は判断し、8人の引渡しを要求するというのです。つまり北朝鮮政府は嘘つきであると決めつけ、北朝鮮とは外交交渉をしない、当方の要求に応じよと主張するのです。この三原則によって日朝交渉は完全にストップしてしまいました。その後安倍首相のこの路線は次の福田首相によって否定されましたが、福田首相の後の内閣は民主党内閣も含めて安倍路線を継承しましたので、安倍三原則は完全に日本の公論として定着してしまいます。安倍氏は2012年に首相に戻って、この政策を再確認しました。

このとき、拉致被害者の家族会に会って、安倍首相は「なんとか拉致問題を解決したいという使命感」で総理にもどったと、言ってしまいました。それで、交渉しなければならなくなり、ストックホルム合意を2014年にやることになりました。もう一度小泉首相の路線に戻って、国交正常化を目標にかかげ、在朝日本人全体の調査をしてもらって、答が出れば日本の独自制裁は全部解除する、国交正常化の方に進んでいく、そういう合意を結んだのです。北朝鮮側は改めて調査したが、8人はやはり死んでいるということを盛り込んだ調査報告を出したようです。すると、日本政府はそういう報告は受け取れないという態度をとった。安倍三原則は変わっていないからです。北朝鮮の側がそれでは調査は続けられないと言い、2016年に日朝交渉は決裂してしまいます。それで現在にいたっているわけです。

したがって交渉を進めるためには、安倍三原則を否定し、拉致問題に対する考え方を変えることが必要です。拉致問題の交渉は日朝国交正常化交渉を進めながら行うということにしなければ、交渉はできないのです。

私の考えでは、この経過から考えると日本側がただちに北朝鮮と無条件で国交正常化すべきだと思います。ようするに北朝鮮は核兵器を持っているわけですが、日本は制裁をそのままにして国交正常化して、大使館を平壌と東京に開いて、核ミサイル問題、経済協力問題、拉致問題の交渉を行うのがいいのではないかと思っています。国交を樹立すれば、いろんな文化プログラムが実施できるわけです。文化プログラムの第一は広島・長崎原爆被害展を開催するというのが良いと思います。

日本が日朝国交正常化するということは、北朝鮮が望んできたことでして、これは確実に後戻りできない安全の保障を与えることになります。アメリカは米朝国交正常化を与えることはできないわけですから、日朝国交正常化は非常に重要なこちら側からの一歩になり、非核化交渉に大きく貢献することになると思います。

今や開かれたこの機会を通じて、われわれは東北アジア共同体、あるいは東北アジア平和地帯、あるいは、私の言葉では「東北アジア共同の家」の構築が目指されるべきではないかと思われます。私は１９９０年にソウルで「東北アジア人類共生の家」の構築を提唱しました。日韓中米ロ朝の六カ国からの地域共同体をつくる案です。それはわれわれの地域の平和と安定のためでした。２００３年に韓国の新しい大統領盧武鉉《ノムヒョン》氏が「東北アジア共同体」を大統領就任演説で提唱しました。それに力を得て、この年、私は『東北アジア共同の家――新地域主義宣言』（平凡社）という本を出版しました。この本はまったく売れませんでしたが、韓国語には翻訳されました。

私がその時考えたのは北朝鮮問題の解決、それから環境保護、災害救援という三つの手がかりで地域共同体を目指すということでした。当時すでに「北東アジア非核地帯」という構想が存在していました。それも私の「共同の家」構想に取り込みました。この「非核地帯」の内容は、日韓朝が核兵器をつくらない、そして米ロ中がこの地域で核兵器を使わないと誓約するというものです。

しかし今や北朝鮮が核武装して、その上で米朝首脳会で朝鮮半島の非核化が約束されたという大きな変化の後では、「北東アジア非核地帯」の構想も変わっていかなければならないといえます。核兵器の大国である米国・ロシア・中国に囲まれた中に朝鮮半島と日本列島が存在すると、これが我々の地域です。その中の一国の北朝鮮が核兵器を持って、ＩＣＢＭを持って、米国がそれを許さないということで軍事的の措置をとる構えを見せたところから、米朝戦争の危機が起こった。その危機の頂点で転換が起こったというわけです。そして朝鮮半島の完全な非核化を目指すということになれば、この東北アジア三国が非核化するだけではなく、この三国が本当の意味での非核・軍縮・平和の地域にならなければならない。またそういう状態を目指さなければ、非核化も実現できない。とにかくアメリカと中国とロシアが核を手放すことは当面のぞめないわけですから、日本・韓国・北朝鮮の三国が核兵器を持たないで非軍事化して、平和国家になって、その団結によって米中露が戦争しないように繋ぎ止めていく、われわれが米中露にわれわれの平和を保障させることを通じて米中露が戦争しないようにさせる、こういう構造をつくるということを目指すべきではないかと思います。

これはまさに夢ではありますが、夢をもたないと北朝鮮の非核化は実現できないでしょう。今はそういう状況にきていると思います。

以上でございます。

【質疑応答】

司会　大変情熱のこもった講演で聞き入ってしまったんですけれども、どうもありがとうございました。それでは質疑応答の方に移りたいと思うんですけども、どなたからでもご質問いただければと思います。

質問者　大変すばらしい講演で、おっしゃることいちいち納得して拝聴しておりました。もしこういった交渉が成功していった際にですね、在日米軍の撤退ということが当然問題になってくると思います。沖縄ではそのことを強く求めて、それが県民多数の世論です。ただ、そのように問題が認識されると、結局、問題は北朝鮮ではなかった、ということになります。つまり地域の安全保障の問題となり、中国の脅威に対して日本がどう飲み込まれないでいくか、日本において米軍が撤退するのであれば、米国の核の傘の保障の下で現実に減少する通常兵力のプレゼンスを日本が維持していくか、ということになります。こういう自民党の武装強化の議論が当然出てくると思いますが、その点についての先生の認識をお話いただければというふうに思います。

和田　それはまさに基本的な問題だと私は思います。つまり日本では、中国の脅威ということが言われているし、実際中国の国力が非常に増しており、軍事的な強化も進んでいるし、中国の海軍の拡張も進んでいる。ですから、朝鮮半島問題と並んで、もう一つ大きい問題が中国問題であることは事実だと思います。

それに対する日本政府の目下の対処方針は、中国が尖閣をはじめとし、離島を攻めてくる心配があるので離島防衛のために自衛隊を強化するというやり方です。しかし、この方法は今の全体の流れと矛盾していると思います。

というのは、北朝鮮が自分たちの通常兵器の不足を核とICBMで補っているということからすると、北朝鮮は軍事力、通常兵器の力を下げろと地域のすべての国に言っているということになります。ですから「denuclearization」だけでなく「demilitarization」が求められているわけです。したがって、自衛隊を特殊の装備で増強して、離島防衛に備えるんだということは逆行する流れです。日朝韓三国は、軍事力のレベルを下げていかなければならない。私は基本的には韓国も、北朝鮮も、非核三原則と憲法9条を採用するのが良いと私は思っています。そういう時代がくるようになれば南北統一も必ずできます。

朝鮮との関係で進んでいく方向性を持って中国との関係を考えれば、中国に対しても日本は政策を明確にするして、それを堅持すべきなのです。つまり中国が仮にいかに国力が高まって軍事力を強めたとしても、中国と再び戦争はしないというのが日本の基本的な国是である。日本の平和国家としての基礎は、中国とのあの戦争を反省し、二度と中国とは戦争しないという原則だということを再確認して、尖閣諸島問題については交渉で解決しよう、つまり領土問題が存在するということを認めて話し合いを行おうとする。尖閣を守るために中国と戦争するということは我が国の国是ではないということをはっきりと表明していく。そういう方向が韓国、日本、北朝鮮と一緒に示されれば、つまり国際的な紛争を軍事力による威嚇あるいは軍事力の行使によって、解決することは永久に放棄するという憲法９条１項の精神が韓国、北朝鮮、日本の共通の精神となるのであれば、そういう所に対して中国が攻めてくることは考えられないですよ。そういう精神、文明の力で、中国の軍事的な膨張に対してブレーキをかける。その場合、アメリカと中国とロシアという三国に対しては日韓朝の決意というものを尊重してその安全を侵害しないということを誓約してくれというふうに迫りますと、それは三国は戦争しないということに誓約させることになるんですね。中国問題に対しては、そういうふうに対処していけるんじゃないかと思っております。

質問者　私は、憲法を専攻しております。最近９条を守ること、アジアの平和を実現してアジアの軍事同盟体制をなくすこと、そして核兵器を廃絶することは、三位一体の課題になっていると考えています。今日のお話もそのような趣旨だと受け止めて、その意を強くしました。

先生の『朝鮮戦争全史』の中においては、北朝鮮が２７２万人、韓国が１３３万人となっています。大雑把に足し算して、大体４００万から５００万人くらいが戦争で亡くなったと受け止めています。その分析は、今でもそのように考えてよろしいのでしょうか。というのも３０００万人が生きていた中で足かけ４年の戦争で４００万ないし５００万人の方が亡くなったということです。この朝鮮戦争の持つ意味を、私たち日本国民はしかと受け止めて、もはや朝鮮特需だなんていうとんでもない考え方を克服しなければなりません。日本人は、朝鮮半島の人々と平和を実現する課題を一緒に進めていかなきゃならない、そういう問題意識を持っています。だから、この数字にこだわっています。よろしくお願いします。

和田　ありがとうございます。あの実際被害者の数につきましては、いろいろな推計があります。私が出しましたのは、人口が自然増したと考えた場合と、戦争が終わった時期の実在の人口とを比較し、その差額が失われたものとして推定するという方策をとりました。その結果、北朝鮮は約272万人、韓国は約133万人という数字を得ました。

その場合に問題となるのは、北朝鮮から韓国に逃げた人が多いということです。それがダブって計算されることになりますので、朝鮮半島全体の数字としては、ダブりが出て、すこしオーバーになるのではないかと思います。ですけど、それでも被害者数は相当な数であると思います。

そこでも、やはり朝鮮戦争と日本の関わりが問題です。日本は占領軍であるアメリカ軍の命令に従って戦争に協力しました。しかし、日本国家の決断として、戦争に参加する、協力することはしない、自分たちには憲法もあり、平和国家の建前があるということでした。それは日本の事情であって、北朝鮮から見れば、日本はアメリカ軍の基地であることに間違いはなかったのです。戦争中にそう思われただけでなく、戦争が終わったあとも同様です。北朝鮮から見れば日本から攻撃されたという状態が続いています。つまり日本との準戦争体制が今日まで続いているというわけです。2002年に平壌宣言が出ましたから、それからは変わったと思いますが、それまではそういう状態が続いていたのではないかと思われます。

日本人はそういうふうには夢にも思っていません。あの時戦争に協力したということは知識として持っていますが、戦争が終わってからは、あちらが日本と戦争状態にあると思っているなんて毛頭も考えていません。実は拉致問題は、このことと関係しています。北朝鮮側は戦争している相手のところに行って、打撃を与える、人を連れてくる、財産を破壊する、そのようなことは当然だという考え方です。ご承知の通り、南シナ海で武装した北朝鮮の工作船を日本の海上保安庁の巡視船が追い詰めて、撃沈しました。そして15人の北朝鮮の乗組員が海に沈んで、死亡しました。あれは北朝鮮からみれば戦死したということですよ。

ですから、北朝鮮は拉致被害者で死亡した人は8人と言っていますが、向こう側では15人が戦死している。そういう状況が日本と北朝鮮政府との間にあるわけです。これをなんとか早く正常化していくことが必要だということではないでしょうか。

質問者　今日のお話を聞いて米朝会談が歴史的な意味を持つということで、我が意を得たりという思いです。その上で米朝会談を演出したのはアメリカのトランプ政権だっていうことにものすごい不安があります。おそらくこのままトランプ政権が存続できるかということは、いろいろな意味で疑問が出てこざるをえないんですね。実際に民主党政権でもダメで、ベトナム戦争を拡大しましたから、民主党政権に戻ったからといってなんらかの平和的な前進があるかどうかについて、確信持てない状況があります。少なくとも今回の米朝会談で朝鮮半島の非核化について少なくとも合意ができたということは、どの政権のどんな大統領が出てきたとしても縛ることになるかどうか、その点についてはどうでしょうか。

和田　それは非常に難しいところですけども、ご承知の通り、オバマ大統領は、非常に素晴らしい大統領に見えました。最も私は就任演説でオバマ大統領がアメリカ人にとって大事な戦争が四つあると言ったのを聞いて、ひどく失望しました。オバマ氏が挙げたのは、独立戦争のときのレキシントンの戦い、リンカーンのゲティスバーグの戦い、そして第二次大戦のノルマンディーの戦い、ここまでは良いですよね。第四にケソンの戦いと言いました、ベトナム戦争の激戦地です。彼がそう言ったので僕は本当にがっかりしてしまいました。核兵器の廃絶を目指すということでノーベル賞をもらう人、黒人初の大統領であったんですが、彼は北朝鮮のような人権無視の国は崩壊する、これを封じ込めればいいんだと考えた。「戦略的忍耐」でいくと言っていた。それで何もしなかったのです。がっかりです。

ですから民主党政権になったからといって、安心ということは何もないということです。このアメリカがトランプ大統領の約束を守って進んでいくかどうかは国際的な努力にかかっているのではないかと思います。アメリカの中でもそういうふうな気持ちを持っている人は大いにやってほしいですが、やはり基本的には国際的な圧力でアメリカを縛っていかないといけないということですね。

トランプという人は実に変わった人ですね。実は北朝鮮が外交的に行き詰っていたときに金正恩は1人のアメリカ人と1人の日本人を国に招待しました。日本人で招待したのは、あの金正日の料理番、藤本健二という人でした。子どもの時から知っていたので、抱き合ったところを写真で見せまして、人間味を見せたわけです。しかし、その人と抱き合っただけでは日朝関係は開けない。アメリカ人は、デニス・ロッドマンというNBAのスタープレーヤーであったバスケットボールの選手を呼びました。3回くらい呼んでいます。これもアメリカとの関係を開くのになんの効果もありませんでした。デニス・ロッドマンは大統領選挙の時にトランプ陣営でした。ですからトランプは、デニス・ロッドマンから金正恩のことを聞いていたことは明らかです。そして金正恩には会ってもいいよということを選挙のプロセスで言ったことがあります。要するに自分はディール、取引の名人だから、自分が北朝鮮に行って取引すれば、何とかなると考えていたのかもしれません。今度ロッドマンはシンガポールに行ったようです。レセプションには呼ばれませんでしたけども。とにかく、突然、トランプ氏が金正恩氏の手をとって、新事態が出現したのです。本当にあやうい話です。ですが、今やアメリカ大統領がそういう立場に立ったのなら、みんなで支えるというのがわれわれの責任だと思います。

トランプ大統領が金正恩委員長と会うのを止めると言ったことがありましたね。あれはアメリカ政府の中に強い反対があったからですよ。ボルトンというウルトラ右翼を自分の補佐官にしているわけですからね。しかし、そうしないわけにはいかないのでしょう。歴史は面白い偶然が影響しますけど、これは極致だといえますね。

質問者　先生は1965年の日韓条約の時も学者の立場でですね、いろいろ声明を出されたと思います。今回日朝国交正常化という議論が出てくる中で、日本政府はあくまでそれは拉致問題の解決や非核化についてです。不可逆的にも非核化できるという状況になってから、国交正常化に応じるという言い方をしてるわけです。日韓条約でも問題になったのは、戦後補償問題を後回しにして、経済協力一括方式をやったことです。日本政府が戦後補償を、日朝国交正常化の問題を北朝鮮に対して呼びかける際にどういう呼びかけかたをしたら良いと思うでしょうか、政府レベルとか、国民レベルとかいろんなレベルがあると思います。

和田　これまた非常に基本的な問題ですが、小泉さんが2002年に平壌に行きました時に、小泉さんの判断の前提になっていたのは、村山談話です。もちろん河野談話も踏まえていたと思います。平壌宣言の中に、日本の植民地支配がもたらした被害と苦痛に対して反省し謝罪するということが明記されました。これは画期的だったと思います。それで、そしてそれに続いて国交正常化を実現した後、経済協力をいろいろな形で行うということが明記されました。ですから、これは植民地支配がもたらした損害と苦痛に対する謝罪を前提にして経済協力を行うという内容のものになったと思われます。日韓条約の時は、植民地支配というものは条約に基づいて正当なものであって、日本は何も反省はいらないという態度をとりました。したがって、日本は無償3億ドル、有償2億ドル、それと民間協力3億ドルというお金を出しました。かなりの額でしたが、それを出したことについては、これはいかなる意味でも過去に対する反省の意味を持っていないということを確認しているわけです。もちろんお金を出すということは、過去に対して申し訳ないという気持ちがないわけではないのですが、謝罪はしないという原則を貫いているのです。あの時出したお金は独立お祝い金だとか言ってました。ところが、平壌宣言では、冒頭で植民地支配のもたらした損害と苦痛について反省・謝罪すると言った上で経済協力を行うと言ってますから、これは明らかに謝罪の意味を込めた経済協力というものを差し出しているのです。北朝鮮の側も、日韓条約を超えるものを日本からとったというふうに考えて、平壌宣言を評価しています。

もちろん、過去を反省するということは重要なことです。日本の総理大臣は外務大臣が行って慰安婦問題について謝罪をして、15億円出すと言ったのに、自分の言葉では繰り返したくないと逃げるような人です。北朝鮮の方から見れば、日本が過去の植民地支配を反省して、それに対して償いをすると、そういう気持ちを持ってするということは日朝国交正常化において最も大事なことだと考えていると思います。

北が拉致した人については、補償を要求するのは当然です。しかしその補償を要求するとすれば、よけいに日本の植民地支配に対する反省の意を込めた経済協力をしっかりやるということにしなければ、筋が通らないでしょう。

要するに韓国の場合も同じですが、何が行われたのか、何が起こったのかということについて、いまだに韓国国民と日本国民の間で慰安婦問題についての基本的合意がありません、共通認識がないのです。歴史認識の共有がないところで問題を歴史として清算することはできません。北朝鮮も同じです。北朝鮮も慰安婦問題について厳しい批判を持っていますが、このところは政治的にそれを控えてきたのです。ですから、その話になればその問題が出るでしょう。それに対してしっかりした態度をとらなければならないと思います。

第2部　各地域・分野からの報告

朝鮮半島平和プロセスの展開と東アジア冷戦の解体

李俊揆（韓国・キョレハナ平和研究センター研究委員）

紹介いただきました李俊揆《イジュンキュ》と申します。よろしくお願いいたします。私は韓国で平和運動に関わりながら朝鮮半島と日本、朝鮮半島の南北関係を中心にしてですね、東アジアの国際関係を勉強・研究しています。今日私が申しあげるテーマのタイトルには、「朝鮮半島」と書いたんですけど、韓国では「韓半島」と呼んでます。北朝鮮は朝鮮半島と呼んでいるですけど、日本でも朝鮮半島ですね。私は一応、タイトルを考えれば、韓国からの視点、そういうサブタイトルになるんじゃないかと思っています。

朝鮮半島が抱えている課題、または朝鮮半島が提起している課題を、私は朝鮮半島だけの問題ではなくて、東アジア的課題だと考えています。そのような観点から最近の朝鮮半島をめぐった情勢を見ております。言い換えれば朝鮮半島的課題の解決のプロセスが東アジア的課題の解決のプロセスにもつながると私は考えています。

私の視座を最初に申し上げました。そのような観点に基づいてですね、私は現在、特に今年に入ってから今まで、韓国で、そして朝鮮半島をめぐって展開している国際政治の局面は、朝鮮半島の平和プロセスを進めると同時に、東アジア冷戦の構造を解体するための第三回目の歴史的機会（historic opportunity）だと思っています。

その第一回目は、皆さんご存知の通り、1993年から1994年までのいわゆる第一次核危機でした。アイロニーですけど、そういう危機をきっかけにして、第一回目の歴史的機会が訪れたと思うんです。1994年朝米の間にジュネーブ合意がなされました。それから紆余曲折はありましたけど、2000年の南北首脳会談、同年10月には朝米の間で共同コミュニケが発表されました。

あの時北朝鮮の趙明禄《チョミョンロク》という、当時ナンバー2だった人物が軍服を着てワシントンを訪問して、クリントン大統領に会ったんです。それからオルブライト国務長官が平壌を訪問しました。

しかし、アメリカの大統領が変わりました。それで、情勢も変わりました。もちろんその中でも2002年9月17日の日朝首脳会談までいったんです。しかし第二次核危機が、2002年10月、当時ケリー次官補の平壌訪問をきっかけに訪れます。「北朝鮮がウラン濃縮プログラムを認めた」「秘密核開発プログラムを認めた」とケリー次官補が発表したんです。その第二次核危機を解決するために構成されたのが六者会談です。その六者会談の成果として2005年9・19共同声明が発表されます。その過程の中で、交渉が難航して―その原因はアメリカのBDA（Banco Delta Asia）への金融制裁です―2006年10月9日には北朝鮮が核実験を行いました。

しかし、その危機を乗り越えて2007年2・13合意がなされます。正確な名前は「9・19共同声明の実行のための初期段階の措置」合意です。そのような合意があって、同年10月には南北首脳会談が行われます。しかし、今回は韓国の大統領が変わります。韓国で李明博《イミョンバク》大統領が誕生しました。非核化プロセスは2008年に、寧辺《ヨンビョン》の核施設爆破までいったんですけど、六者会談は中止されてしまいます。そういう歴史を私たちが目撃しました。

それから第三回目が今回の機会だと思うんです。私はこの第三回目の歴史的機会は次の二つが核心だと思います。一つは北朝鮮の国家戦略転換です。もう一つは、キャンドル市民革命によって誕生した文在寅《ムンジェイン》大統領、文在寅政権の政策だと思います。

まず北朝鮮の国家戦略転換です。北朝鮮は２００７年11月ＩＣＢＭ発射に成功しました。その直後に北朝鮮は「国家核武力完成」を宣言します。とても面白い宣言なんですけど、国家核武力の完成を宣言した国はたぶん世界史の中で北朝鮮しかないと思うんです。実はあの時韓国の国家情報院はその宣言を、北朝鮮が「これからは核実験をしない」、「交渉の用意がある」というシグナルとして読んだそうです。いわゆる「情報・スパイライン」が動いている現状の背景にはそのような流れもあります。今年に入って金正恩《キムジョンウン》国務委員長の「新年の辞」を経て、平昌オリンピック、それから南北首脳会談が行なわれるようになりました。対話局面が開かれたのです。

もう一つは、文在寅政権の政策だと思います。文在寅政権が誕生してその直後から、北朝鮮はミサイル発射実験を強行します。情勢が悪化していたんですけど、その中でも、文在寅政権は「平和」と「対話による解決」の原則を維持しました。特に文在寅大統領はドイツ訪問の際、「ベルリン宣言」を発表したり、２０１７年９月の国連演説でも一貫して平和の原則を表明します。また、北朝鮮に平昌オリンピック参加を要請します。

そして「Olympic Truce」、つまりオリンピック休戦です。午前中の和田先生の講演でも出ましたけど、韓国政府は「Olympic Truce」の決議案を提出しました。その決議案が11月の国連総会で満場一致で採択されました。

12月には文在寅大統領がアメリカのＮＢＣ、それは平昌オリンピックの中継が予定されていた放送局なんですけど、そのＮＢＣとのインタビューで「韓米合同軍事演習の延期または縮小の意思がある」という発言をしました。北朝鮮に対する一つのメッセージだったんでしょう。

そのシグナルに応じたのが金正恩の２０１８年「新年の辞」だと思います。金正恩委員長は「新年の辞」で、平昌オリンピックへの参加、南北関係の改善、対話の再開など、そういう積極的な意思を表明しました。それが平昌オリンピックが「平和オリンピック」として位置づけられ、その平和オリンピックの場を通して南北首脳会談までいくことになったんです。

ここまでの展開を考えてみると、今年に入って始まった対話局面は、南北関係の軸が膠着・緊張した朝鮮半島、東アジア情勢で突破口をつくり出して、それをきっかけに形成された対話のモメンタムを維持し朝米の対話へ導いていったと考えます。やっぱりそういう所が注目点だと思います。

一つの例が5月末ごろトランプ大統領が朝米首脳会談キャンセルの「騒ぎ」を起こしたときです。南北は電撃的に、板門店で2回目の首脳会談を行います。もう一つの例は、シンガポールでの朝米首脳会談で発表された「シンガポール合意」の内容に、「板門店宣言の再確認」が明記されていることです。つまり板門店宣言の内容とその意義を繋いで行われたのが、朝米首脳会談とシンガポール合意であることをはっきりしていると考えられます。

シンガポールの朝米首脳会談が発表した共同声明の注目点はいろいろとありますけど、私は、その文章の構成に注目しています。シンガポール会談の以前に、朝米の間で合意された文書は、一番前に非核化に関する条項が書かれていました。それから平和体制とか関係改善の話が出てます。そのような順番でした。しかしシンガポール声明では、文書の一番前に「新しい朝米関係」、そして二番目に「朝鮮半島の平和体制」、三番目に「非核化」、最後に米軍の遺骨問題が書かれています。もちろんトランプ大統領がそこまで考えてこのシンガポール声明を合意して署名したのかどうかは分からないんですけど、でもその文章の構成を見たら、アメリカが、関係改善を通して平和も非核化もできるという考え方に同意した形になっていることは事実です。

さらにトランプ大統領は、シンガポール会談の後でですね、記者会見とマスコミとのインタビューで「朝鮮半島で戦争はいけない」、「あなたたちは朝鮮半島のDMZ（非武装地帯）のすぐ近くに、数千万人が集中して生活している、そういう状況をわかってますか」という発言をしました。トランプ大統領がですよ。私は、私の人生で、私の人生は44年ですけど、アメリカの現職大統領がそういう発言をしたことを聞いたことがありません。私の知る限り、トランプ大統領が最初です。オバマ大統領はそういう発言をしていません。「人権大統領」というスローガンを出したカーターもそういう発言をしたことはありません。

やっぱりそういうところが注目点だと私は思います。板門店での2回にわたった南北首脳会談、そして史上初の朝米首脳会談があって、今年に入ってから形成された対話の局面が今まで続いてるんですけど、でも争点と課題も残っています。特に今年7月上旬にポンペオが平壌に訪問して高官級会談をしました。そこでも現れたのですが、北朝鮮が核放棄、核廃棄をするプロセスと、アメリカが北朝鮮に対して、どういう段階を踏みながら体制の安全を保証するか、この問題の関係設定、つまり順番を決める、そういうところがやっぱり大きい争点として残ってます。

ここで私が強調したいところは、北朝鮮は核武装した国だということです。自分たちが持っている核弾頭を放棄しなきゃならないんです。しかしアメリカの場合、ペーパーにサインすることが、アメリカが北朝鮮に提供できる行動なんです。だから北朝鮮に、彼らが持っている核弾道を放棄させるためには、アメリカがもっと積極的に、体制安全の保証と敵対関係の清算のための方法を提示すべきです。それが朝鮮半島の核問題、いわゆる「北朝鮮核問題」の歴史的本質を踏まえての答えだと私は思っております。

最近、問題になっているのが、終戦宣言です。しかし終戦宣言はもともと政治的、象徴的行動にすぎません。ただの政治的宣言です。制度的措置ではありません。「これから、戦争状態を終わらせて平和体制をつくるための平和会談を始めます」という宣言なのです。しかし、現在アメリカのトランプ政権は終戦宣言さえ躊躇しているんです。報道によれば、韓国政府が考えているのは、9月の国連総会で終戦宣言をするという方法だそうです。

朝米朝関係の歴史的本質を考えると、お互い深い不信構造を持っています。また長い対立の歴史を持っています。北朝鮮からすれば、韓米日、この三角の「軍事同盟=核同盟」、核同盟に、北朝鮮が囲まれている構図なのです。そのような構図は、冷戦が崩壊したにもかかわらず、続いていますし、いや冷戦崩壊の後、むしろ強化されている傾向性もあります。

だから北朝鮮に核兵器を放棄させるためには、そういう構図をどうやって変えるのかに関してのロードマップというか、ビジョンを示し、そしてそのための行動をとりながら、北朝鮮に対して非核化のタイムラインを提示せよというふうに要求するのが必要です。それが問題解決のための交渉の基本ではないかと私は思います。

トランプ大統領は最近、あまりにもアメリカ国内で支持が低くて、政治的に孤立しているんです。私が持ってきた資料を見ていただきたいのですが。これは「Trump's Envy of Kim Jong-Un」というタイトルのニューヨークタイムズのコラムなんです。「悪魔に敬礼をした(saluted evil)」とか、トランプ大統領が制服を着て来た北朝鮮の代表団のメンバーと挙手敬礼を交わしたんですね。トランプと金正恩との会談は、「1938年ミュンヘンでナチのリーダーのヒトラーと会談をしてその会談を「Ultimate Deal」だと宣言した、当時イギリスのネヴィル・チャンバレン首相を思い出させる」と書かれています。北朝鮮を「悪魔」と表現したのもそうなんですけど、シンガポール会談を「Appeasement Policy（宥和政策）」、「失敗した外交」の代名詞になっているミュンヘン会談に比喩したんです。アメリカの主流のマスコミ、メインストリームの知識人や専門家はそういう考え方を持っているんです。

トランプ政権は北朝鮮に対して、いわゆる「front loading（フロントローディング）」で、つまり初期段階で、北朝鮮が持っている核弾道を海外へ持ち出したりすることを要求していると見られます。その背景にはアメリカの国内政治の事情があると考えます。でも北朝鮮からすれば、核弾道を持ち出すとか、海外で、特にアメリカで解体するとか、そういう大胆な決断をしようとすれば、それに相応するアメリカのなんらかの大胆な行動が求められるわけです。しかし今まで先制的に行動をとってきたのは北朝鮮でした。アメリカは、韓米合同軍事演習を中止したこと一つです。中止です。遺骨送還も北朝鮮がやったんですし、核実験場の廃棄も北朝鮮がやったんですし、ミサイル実験場の破壊も北朝鮮がやりました。

それらに相応するアメリカ、韓国の行動は何がなされてきたのか、アメリカと韓国は何をするつもりなのか。北朝鮮からすれば、また何かの先制的行動を、北朝鮮側がとらなきゃならないというふうに求められるのは、あまりにも不公平だと見られるのでしょう。

時間が過ぎたので、私たちに求められている課題を三つだけ申し上げたいと思います。

何よりも朝鮮半島平和プロセスの進展が一番の課題だと思います。非核化はただの非核化じゃなくて、朝鮮半島の平和のための非核化であることです。すごく簡単で明快な命題なんですけど。しかし私たちはしょっちゅう忘れてしまいます。平和のための非核化であること、だから平和プロセスの中に非核化を位置づけて、平和プロセスの進展の動力で非核化をプッシュしていくことが大事だと思います。

二番目は、周辺諸国の利害関係が交錯する複雑な東北アジアの国際政治の情勢の中で、やっぱり朝鮮半島の平和プロセスと同時に東北アジアの多国間協力の秩序を推進していくことです。そのための市民の声、市民のイニシアティブが求められると思います。その一つの例として、私は東北アジア非核地帯を取り上げたいのです。東北アジア非核地帯はもともと日本から、日本の市民社会から、積極的に提案されていた構想です。だから皆さんがこの問題に着目していただきたいと思います。

最後に、日朝関係の正常化です。午前中の講演で、和田先生もおっしゃったんですけど、私は日朝関係を、ただの脅威減少・脅威除去という観点からアプローチするんじゃなくて、この東北アジア・東アジアに、いまだに依然と残されている脱植民の課題、それから脱冷戦の課題に正面から向き合うというフレームでアプローチしなければならないと思います。

ありがとうございました。

台湾を取り巻く中米日角逐の新しい展開
――「2025無核化」政策と運動と兼ねて

林泉忠
（台湾中央研究院）

ただいまご紹介いただきました、台湾から参りました林《リム》泉《チュアン》忠《ティオン》と申します。私の専門は国際政治です。今の激しく動いている東アジアの安全保障を語る際に重要なのは、中国の存在だと思います。先の和田先生のお話からも出てきた問題ですが、中国の台頭による東アジア地域秩序の変化についてです。限られた時間ですが、台湾海峡を取り巻く中国、アメリカ、日本の角逐関係についてお話したいと思います。また時間があれば、台湾の核をめぐる事情についてお話します。

まずは、中国の台頭と実力主義への転換ということからお話します。今年は、中国の改革開放40周年です。40年の間、中国の経済力はますます膨大化して、今やアメリカに次ぐ第2位の経済パワーに成長しました。

それを背景に、中国の対外関係・安全保障に関する考え方が、だいぶ変わってきたのではないかと思います。かつて鄧小平《トウショウヘイ》の時代には、韜光養晦《トウコウヨウカイ》という表現、低調だが力を蓄積して国を発展させる、という考え方でした。今、習近平《シュウキンペイ》の時代ですが、むしろ実力主義という傾向が非常に顕著になっていると思います。周知の通り、近年の東シナ海・南シナ海をはじめとした領土問題で、この実力主義志向が目立っています。

領土問題の他にも、韓国でのＴＨＡＡＤ（サード）配備に対して、中国は猛反発しており、経済力でそれを対応するようなやり方が出てきています。それも一つの実力主義という側面をもっているのではないかと思います。

もう一つ強調したいのは、台湾海峡をめぐる問題でも、平和主義から実力主義への傾向がはっきり見えています。ここにも、数年前まで続いた胡錦涛《コキントウ》時代では、対台湾政策は、平和的発展という方針でした。他方、今の習近平時代は、融合的発展という表現を使い、平和よりも実力で台湾を中国と一体化させるという考えを持つようになりました。

今、中国は台湾に対して、飴と鞭ともいいうる政策をとっています。現在、100万人以上の台湾人が中国大陸で生活しています。中国政府は、彼ら台湾人に、大陸の中国人と同じような国民待遇を与えるような優遇政策をしています。他方、今の蔡英文《ツァイインウェン》政権は、いわゆる「1992年コンセンサス」をめぐる対立から、ますます台湾バッシング、台湾いじめの行動に出ています。例えば、台湾と国交のある国の数を減らしたり、人民解放軍の軍機が台湾上空を旋回したり、さらに空母の遼寧号が台湾海峡を通過するという威嚇行動などが、繰り返されています。

これらに対して、日米両国は相当危機感を持っており、不信感を高めているのだと思います。その不信感の背景には、もちろん伝統的にイデオロギーの違いに対する固定観念があります。それに加え近年は、中国がいわゆる法的支配を貫徹せず、実力主義的なやり方をとっていることが挙げられると思います。

戦後に構築されてきた、この東アジアの秩序を変えることに対する懸念が高まっています。台湾海峡に関しては、これまでのバランスが崩壊する恐れがあります。中国の国力増大と台頭により、台湾との力の差がますます拡大しています。台湾が、このバランスを果たしていつまで維持できるのか、アメリカも日本も相当警戒しています。日本の安倍政権は、台頭してくる中国を牽制する外交・安保戦略を展開してきました。周知の通り、安保法制・集団的自衛権の整備、さらに南西諸島の防衛強化ということで対応しています。他方、アメリカの方はアジアへの回帰傾向が近年、見られます。

そうする日米の危機感からですが、対台湾政策の新しい展開を見せているわけでございます。

アメリカと日本の間には、台湾海峡をめぐる二つの共通認識があると思います。まず一つ目は、中国の台頭をけん制するには、台湾への接近が必要だという認識です。

次に、二つ目ですが、台湾への接近が必要という認識の背景には、一つ大きな懸念と戦略があると思います。

この弱くなっていく台湾が、いつか中国に吸収されると、アメリカ、日本双方にとって国益にならないということです。いわゆる第一列島線という中国をけん制するためのアメリカの防衛線が、崩壊することにつながります。それをアメリカは許さないでしょうし、日本も同じような考えを持っていると思います。

実際、日本は、近年の台湾政策の変化を見せています。まず関係強化のことでございます。周知の通り、台湾は、日本とアメリカと国交を締結していません。それにもかかわらず、日本と台湾、そしてアメリカと台湾との関係強化の動きが近年活発になっています。日本の場合は、2013年に画期的な日台漁業協定が調印されました。また2017年、日本は駐台湾の代表機関の交流協会の名前を、日本台湾交流協会に変更しました。さらに同年、赤間総務副大臣が公式に台湾を訪問しました。日本の大臣クラスの官僚が国交のない台湾を訪問したのは初めてのことです。

より敏感な分野ですが、台湾の蔡英文政権は潜水艦を製造する方針を発表しています。その際、アメリカと日本からの技術援助が必要となっています。トランプ政権は、アメリカの国防産業に対して潜水艦の製造技術の提供を許したということが、台湾では話題になっております。この潜水艦の設計に関してはアメリカの要請という形で日本の技術者も入っています。このような安全保障に関する間接的な協力が、これから増えていくのではないかと思います。

また近年、日本と台湾は、民間レベルで急接近しております。重要なきっかけの一つが、2011年の東日本大震災の時、台湾からおよそ200億円の義援金が寄付されたことです。その額は、他の国の義援金の総額よりも上回るものでした。他方、台湾もよく地震が起き、日本からの支援もあります。一種の日台地震共同体という協力関係が結ばれています。

さらに、人的交流がかなり拡大しています。日本人にとって、観光だけでなく、修学旅行先として台湾は位置づけられています。今、日本の高校の最大の海外修学旅行先は台湾です。アメリカを抜いて台湾になりました。地方レベルの交流も非常に活発になっており、今までおよそ60の自治体が台湾の県や市と友好関係を結んでいます。

他方アメリカの方は、政治・軍事レベルでの台湾との関係を強化する法案や措置が相次ぎました。例えば、国防授権法で、台湾とアメリカの軍艦が、お互いの港に停泊することを許すというものです。また、台湾旅行法がありますす。台湾の最高指導者である総統を含めて、アメリカの閣僚や大統領を含め、相互訪問を許す法案です。また、2018年7月には、台湾の高雄でアメリカと台湾の軍事産業のフォーラムが開催されました。これから軍事協力を強化することにつながります。

また、アジア太平洋地域でのアメリカによる軍事演習に、国交のある中国を招待せず、逆に国交のない台湾を正規に招待する。これは一種の準同盟関係にいくのではないかといわれています。2018年7月初旬に、アメリカの軍艦2隻が台湾海峡を通過しています。将来は、米空母が台湾海峡を通過するのではないかという事態になっています。日本では北朝鮮のニュースと議論が多いかもしれませんが、台湾海峡を巡っては、決して軽視できない緊張状況となっています。

今後の台湾をめぐる中国・アメリカ・日本の角逐の行方について、私は四つの焦点があると思います。第一は、アメリカが今後どれほど米台同盟を発展させるかという事です。アメリカと台湾には国交がありません。しかし1979年に、当時、中華民国であった台湾と断交した時、国内法として台湾関係法を制定しました。その内容は、軍事的援助を含みます。これが一種の準同盟関係に発展する可能性があります。他方、台頭している中国の存在も大きいですから、結局どういう方向にいくのか、まだ言い切れないところがあります。

第二は、日本と台湾との関係強化です。日本と台湾との関係は近年活発になっています。この傾向はこれからも続くのではないかと思います。そうすると一種の実質的準外交関係になる可能性があります。また、経済的には「包括的かつ先進的TPP協定（CPTPP）」や日台EPAを含め、日台の経済関係の強化が進んでいくとも予想されます。そして、民間レベルの全面的交流が加速され、それが他の分野の交流に波及していくと思います。

第三に、台湾自身の動きです。今、台湾は民進党政権で、民進党の綱領には、「台湾は独立する」ということが掲げられています。しかし中国を意識し、独立を宣言せず、法的独立のプロセスにも入っていません。他方、社会からはいろいろな声が出ています。また独立したいという勢力も存在します。法的独立に突入するかどうかということも重要な無視ポイントの一つだと思います。

第四に、アメリカ・日本・台湾の動きに対して、中国がどう反発するかです。一番懸念されているのは、武力で台湾を統一するということまで踏み切るかということです。私個人としては、近い将来このようなことはないと理解していますが、依然として緊張関係が続いています。

最後に、台湾の脱原発のお話をしたいと思います。台湾では、軍事を中心とした安全保障の他に、生活に関わる安全保障のも相当関心が高まっています。その一つが、いわゆる2025年の無核化です。原発をなくすということです。

現政権の民進党政権が掲げている政策です。これは東アジアの中では、ちょっと異例ですが、実現すれば東アジアでは唯一で最初の脱原発国の実現となります。もちろん昔から市民運動として、反原発の運動は展開されてきました。しかし、とりわけ大きな反響を与えたのは、2011年の日本の東日本大震災の衝撃です。福島第1原発事故を受けて、反原発の機運が高まりました。当時野党だった民進党政権は、2016年から2025年までの脱原発政策を掲げるようになりました。なぜ台湾が脱原発に踏み切ったかというと、そもそも台湾での原子力による発電割合は、全体の14・1%にすぎません。割合の低さから、それをなくしても、再生可能エネルギーで代替できるという考えです。

2017年、再生可能エネルギー事業の民間参加を促進させる内容を盛り込んだ、電気事業法改選案が可決されました。また、2017年6月には、建設途中だった第4原発の閉鎖が実施されました。ただし、台湾社会から電力供給は大丈夫か、という懸念も出ています。台湾は年に一、二度くらい停電します。脱原発の際に、電力供給の安定性が課題となります。

もし、この脱原発政策が失敗すると、現政権が崩壊する可能性が十分あります。しかし、脱原発の台湾での成否は、アジアでのモデルケースになるのではないかと思っています。

最後に一言、台湾は小さいながらも、東アジア地域の不安定化につながる軍事的脅威を受けながらも、生活面の安全もどう確保するか、新しい思考様式が求められていると思います。日本をはじめ東アジアとの交流が一層、求められるのではないかと思います。

私の報告はここまでとさせていただきます。ご清聴ありがとうございました。

朝鮮半島情勢と日米安保
——在日、在沖米軍基地問題を中心に

前泊博盛（沖縄国際大学）

皆さん、こんにちは。まさかの東京を襲う台風に見舞われて、今回のシンポジウムへの出席も危ぶまれました。沖縄から「万一の時は、大阪の伊丹空港への着陸もある」という条件づき運行で、昨晩、なんとか羽田空港にたどりつきました。

東京に向かう前に、沖縄で大騒ぎになっていたのが、辺野古新基地建設をめぐり翁長雄志沖縄県知事が、前知事が出した埋め立て承認の「撤回」を表明したということです。これが昨日の新聞です。翁長知事が撤回を表明したことで、政府と沖縄県は、また新しい裁判に突入ということになっています。今年、沖縄は選挙の年を迎えています。選挙の結果、翁長県政が継続するのかどうか、知事選の行方も話題になっています。

今日のテーマは、北朝鮮情勢と日本です。北朝鮮情勢と連動する形で、沖縄では米軍機事故が多発しています。有事即応体制ということで在日米軍基地、その専用施設の70％が集中する沖縄への影響、そして沖縄にとどまらず日本全国で多発する米軍機事故との関係などについても検証したいと思います。一昨日も神奈川県で米軍ヘリコプターのドアが落下するという事故が起きています。

二つ目の点は、核抑止力と核配備の問題です。被爆国・日本が、なぜアメリカの核の傘の戦略を容認しているのか。国民がそのことに対してなぜ「ＮＯ」と言わな

いのか。

かつて、沖縄の本土復帰運動の中で「核抜き本土並み返還」がスローガンになっていました。ところが、沖縄返還の際に、実際に核抜きになったのかどうか。核査察は行われていないので、いまだに確証がありません。会場の皆さんの中で沖縄に行ったことがある方、何人ぐらいいらっしゃいますか。沖縄に核兵器はないと思っていらっしゃる方、何人くらいいらっしゃいますか。1人。1人ですね。

沖縄に配備されていた核兵器は、沖縄の施政権が日本に移管（返還）される時には、撤去されたかどうか。昨年、NHKが「沖縄と核」という番組を放送しました。非常に大きな衝撃と反響が起きました。沖縄では、米軍統治時代に核ミサイルの誤発射事件まで起こっていたことが明らかになったからです。しかも死傷者もでていました。このことも伏せられていました。誤発射された核ミサイルは、たまたま那覇の沖合の方に落ちたけれども爆発をしなかったので、事なきを得たということがアメリカの機密文書の中で明らかになっています。

沖縄では、米軍統治時代に米戦略爆撃機B-52が、嘉手納飛行場を離陸直後に墜落をするという事故も起きていました。当時1960年代にB-52は、核爆弾を積んで、中国の上空までもパトロールをしていたようです。これも、たまたまですが、事故を起こしたB-52は核爆弾を積んでいなかったので、大参事にはならずに済んだという話もあります。

沖縄にとって核は、過去の問題ではなくて、現在もあるのではないかという疑惑が払しょくできていません。沖縄県は、NHKの番組放送を受けて、日本政府、外務省に質問状を送り込んでいます。番組の中で報じられていることは本当なのかどうか、核兵器は本当に撤去されたのかどうかなどを問う内容です。しかし、その質問に対する答えは、まだ来ていません。国民を挙げて、そういうことも検証しなければいけないと思っています。

三つ目が「日米安保と北朝鮮問題」ということです。基地のマグネット論というのがあります。これは、今ちょうど安倍首相の総裁選三選問題が出ていますが、ポスト安倍の有力候補といわれたのが石破茂・元防衛大臣です。その石破元防衛相が、2年前のテレビ朝日の番組の中で「日米安保があるからといって有事の際にアメリカが自動的に日本を助けてくれるとは、もう思わない方がいい」と明言して、物議をかもしました。

日本国民の多くは「日米安保があるから、万一の時は米軍が日本を守ってくれる。そのために日本に基地を置いてくれている」と信じてきたと思います。それなのに、石破さんは「日米安保は変質していて、もはや有事の際にも日本を守るつもりはない」と言っているわけですから、大変な指摘だと思います。

沖縄から石破発言をみると、至極当然の認識を示したに過ぎない。なにしろ、在日米軍専用施設の70%を抱える沖縄は、逆に有事の際には真っ先に影響を受け、犠牲になる可能性が高いからです。むしろ、日米安保があるおかげで、沖縄は守られるどころか、犠牲を強いられる可能性が高い。なぜなら、有事の際に、最初に攻撃されるのは、米軍基地です。しかも最も大きな重要基地ということで、嘉手納基地は格好のターゲットになりかねない。

日米安保があるために、むしろ日本は攻撃される可能性が高まっている、というのが北朝鮮情勢が深刻化する中で、明らかになったことです。

「米軍基地があるから、日本を攻撃する」と、北朝鮮幹部はメディアで明確に発言しています。ネット上でも、ロイターの記事でも、日本海に落下した北朝鮮のミサイル実験を行った部隊は、「在日米軍基地を攻撃するための部隊」であることが明らかになっています。

北朝鮮のミサイル実験は、日本にある米軍基地を攻撃するために行われている。裏を返せば、米軍基地があるから、日本は攻撃される。つまり、日米安保のために日本が攻撃対象になり、むしろ日本国民の安全が脅かされることになる。そんな変化、安保の矛盾が生じてきています。石破さんは、正直ですから、そのあたりを国民にしっかりと伝えておいた方がいいと思ったのかもしれません。日米安保の幻想を解いておこうと思ったのかもしれません。

日米安保が危機をもたらす、日本を守るはずの米軍基地が攻撃を引きつける。これが「基地マグネット論」です。だから、アメリカは直接、米本土を攻撃されないように海外に500カ所も前線基地を置いている、という指摘もあります。

基地のマグネット論について、先ほど久しぶりにお会いした和田先生に「朝鮮有事の際に最初に狙われるのは東京と沖縄ですよね」という意見をポンといわれて、驚きました。メディアは絶対に書きませんが、それを言われるのが沖縄にとって一番の脅威ですね。北朝鮮情勢が緊迫すると沖縄の米軍基地が動き出す。そうなった時には、観光客に影響が出ます。6000億円を超す観光収入に依存する沖縄県にとって「観光立県・沖縄」が一気に崩壊しかねない事態になります。つまり、沖縄経済が破壊をされるということになります。

こういう非常に身近な問題としての「基地マグネット論」をどうするか。いざという時に日本を守らない日米安保、むしろ危機に巻き込むとしたら、この日米安保をどう変えていくか、あるいは日本の安全保障体制をどう変えていくか。そこが今後の課題になるのではないかと思っています。

このあたりを少し端折りながら紹介したいと思います。沖縄では米軍機事故が多発しています。沖縄国際大学の私の研究室のすぐ横に、米海兵隊の普天間飛行場があります。この写真を見てください。小学校のグランドに窓枠が落ちています。米軍CH-53大型ヘリの窓です。この写真は毎日新聞が掲載したものです。ヘリの窓が窓枠ごと落下したということで大騒ぎになりました。窓枠を落としたとみられるCH-53大型ヘリの写真を毎日新聞が掲載したところ、米軍から訂正を要求されました。「我々が落とした窓は右側の窓。これは左側を落としているから、違うヘリの写真だ」ということで訂正要求をされました。毎日新聞は訂正したようですが、では、この写真のCH-53ヘリの左側の窓はどこに落としたのかという話になります。ところが、この問題は追及されないまま。これが日本のメディアの残念なところです。こういう事実関係の確認をしっかりとできるような体制が必要です。それぐらいはやれないと核貯蔵や核配備問題など、日米安保の核心部分については、調査報道は難しいかもしれません。

これはオスプレイという米海兵隊の新型輸送機です。これが一昨年12月に沖縄本島北部の安部《あぶ》という集落の海岸に「不時着」しました。NHKも共同通信も朝日新聞も読売新聞も「不時着」「不時着水」と報じています。しかし、これが不時着状態だとすれば「墜落」とはどういう状態を指すのか、わからなくなります。

アメリカのメディアは「Crash ＝クラッシュ」と報じていました。「Crash ＝墜落」です。日本のメディアは「不時着」「不時着水」報道している。国民には、墜落の事実は伝えられないまま、オスプレイの不時着事故で片づけられてしまいました。

機体が大破して、操縦席も分離するほど破壊され修復困難な事故にもかかわらず、これを「不時着」と報じたのは「政府が不時着と発表したから」という理由からでした。沖縄で起きた米軍機事故を調べたところ、過去10年間で「墜落」は4件でしたが、「不時着」は、２１０件ありました。米軍機が大破している、こういうものが「不時着」だとしたら、沖縄で起こっている過去の不時着事故も全部洗い直していく必要があります。つまり本来は墜落としなければならない事故を「不時着」と軽くみせる報告が行われていないかという疑問が出てきます。

これは東京新聞の記事ですが、防衛省は最初は「墜落」と報告したけれど、その後「不時着」に訂正して発表したという事例が、沖縄のオスプレイの事故の他にも神奈川で起きたヘリ事故にもあったことを報じています。

オスプレイは、今後、横田基地にも配備されます。これからは首都圏の空もオスプレイが飛び回ることになるのに、墜落を不時着などと報じられないように、しっかりと監視しておく必要があると思います。

オスプレイの関連でいうと、なぜか自衛隊が17機買っています。オスプレイを何のために買ったのか、何に使うのか、国民は無関心で、国会でもほとんど論議されないまま、３６００億円もの予算が素通りしています。いったい、国会は何を審議しているのか不思議になります。２０２０年の東京オリンピックのために新しい国立競技場をつくるときには、２５００億円が高すぎるということで５００億値切りました。安倍首相の決断で、あっさりと５００億円を削減した政府でしたが、予算を削減しすぎて「聖火台がない」という残念な結果も報じられました。そういう金銭感覚もある政府、国民なのに、なぜオスプレイは17機で３６００億円もお金がかかるのに、国会を審議も十分にないままに素通りしてしまっているのか、不思議です。

たくさんの米軍機が日本中を飛んでいます。いろいろなところで事故を起こしています。この米軍機の10万飛行時間あたりの事故率も海兵隊仕様のMV-22オスプレイで、すでに3・5件まで上がってきています。横田基地には、海兵隊仕様のMVよりもさらに事故率の高い空軍仕様のCV-22というオスプレイが配備されます。そのことに対して、沖縄よりも危険な首都圏になるのに、多くの都民があまりに無関心で、不思議に思います。こういうところが日本国民の非常に残念なところだと思います。

昨年10月にも沖縄本島北部でCH-53大型ヘリが不時着・炎上する事故が起きています。国政選挙を控えた時期で、ちょうど沖縄の選挙区に入っていた岸田文雄前外務大臣、自民党の政調会長が事故現場の視察に行きました。ところが、米軍に拒否されて、現場視察を阻まれています。岸田さんほどの大物政治家でも、米軍の前では無力であることが明らかになりました。面子は丸つぶれです。岸田前外務大臣は「誠に遺憾である」というコメントをしていました。岸田さんは、その後、アメリカの最高司令官の四軍調整官に事故の説明を求めて呼びつけますが、これも面会を拒否されています。そのことにも岸田前外務大臣は「誠に遺憾である」というコメントを出して、とうとう沖縄から東京に帰ってしまいました。米軍にもの言えない日本政府。自民党首脳が「誠に遺憾である」で終わらせる。そのこと自体が沖縄県民とっては「誠に遺憾」であるわけです。

面子をつぶされても「誠に遺憾」で済ます。こういう対応では「いかん」と思います。岸田前外務大臣も無視されましたが、同じように現職の小野寺五典防衛大臣も「事故原因を日本政府も確認したうえで、飛行再開を協議したい」と会見した直後に、米軍から飛行再開を発表されて、面子をつぶされています。これも「誠に遺憾である」で終わりです。

結局、小野寺防衛大臣は米国防長官に事故直後にフィリピンで会談する機会をえながら、事故のことは一言も触れず、抗議もしない。最後は事故原因も究明されないまま米軍がCH-53ヘリの飛行を再開しても「自衛隊の知見にも照らし、米軍が合理的な選択をとった」という趣旨の発言で、飛行再開を追認するという屈辱的な対応をしています。

アメリカ側の問題に対しても日本側が言いたいことを

一つも言えないという状況が続いているわけです。事実関係の確認や、再発防止もできない。日本での事故と同じようにイギリスでも起きたケースでは、イギリスの地方警察が現場を制圧して、米軍には一切関与させないという措置をとっています。

こういう所でいうと、アメリカとの関係、グローバルパートナーシップと言いながら、日米関係といったものが非常に希薄なことが明らかになったような気がします。厳しい言い方をするならば「主従関係」にあるのか、という感すら受けます。

オスプレイや大型ヘリの墜落現場で何が起きているのか。黄色い防護服や白い防護服を着た米兵たちが捜索に当たっています。放射性物質が飛び散る。そういったことが墜落現場では起きている。だから厳戒体制になります。

これは沖縄国際大学でＣＨ–53大型ヘリが墜落した現場のケースです。この時も現場が制圧されて、何をしているかというと、こういう黄色い防護服を着た米兵らが、何かを懸命に捜索していました。この時は大学当局にも、周辺住民にも何も知らされないまま、米軍は動きました。

後になってわかりますが、ヘリコプターの部品の中に、いわゆる放射性物質が含まれていました。そのカプセルがなくなったので米兵2人が一生懸命探しているんですね。日本側を入れない理由にこうしたことがあります。ただ、気になるのは防護服を着ていない2人です。特に放射性物質に強い体質を持っているというわけではないですね。彼らにもそういうことが知らされてないために、現場に軽装で入り込んでしまう。米軍の中にも「守られる人」と「守られない人」がいるということでしょうか。

日本でも原子力発電所を置かれる地域と、置かれない地域があって、置かれる地域は原発の事故で放射性物質に汚染されるが、置かれない地域は電気をもらって安全に暮らしている。守られる地域と犠牲になる地域がある。東京電力が福島に原発をつくる理由は何か。福島で電気をつくって東京で使います。首都圏は守られるけれども地方は犠牲になるという構図のような気がします。

この国にも守られる国民と守られない国民が存在しているように、アメリカ軍の中にも守られる人と守られない人がいるということでしょうか。

核の抑止力と配備の問題でも、被爆国・日本がなぜ核の傘をほしがるのか。核の傘が必要とされているのか。過去、沖縄には核ミサイル「メースB」の基地があり、伊江島では実際に軍事演習で核の模擬爆弾を落とされていました。また、久米島の近くの演習場では、劣化ウラン弾を使った射爆撃訓練も実施されていました。こういう訓練や核ミサイルの事故も含めて、戦後長く隠されていたので、沖縄県が政府に確認をしています。昨年末に政府、外務省に事実関係の確認を要求しました。「本土復帰の沖縄に核兵器は配備されていたのか」「復帰時に沖縄に配備された核はどのような方法で撤去されたのか」「復帰前に1300発の核があったと報道されているが事実か」などです。

それから「1959年の核の誤発射というものの事実関係」「現在、沖縄に核兵器は配備されているか」「有事の際に沖縄に核兵器を持ちこみ可能とした核密約に関する外務省の見解は」と回答を求めています。いずれも当たり前に知りたい中身ですが、返答、回答はまだ確認できていません。この国では、困ったことや解決できない問題があると、先送りするという掟があります。

先送りにしても解決できない場合は、最後は「なかったことにする」というのがこの国の掟です。森友学園、加計学園の認可にかかる「モリカケ問題」でも同じです。解決できない、都合の悪い問題は「なかったこと」にされてしまう。

核問題でも、沖縄県が手続きに則って、正式に政府に問い合わせをしているのに、この国の官僚たちは答えない。都合の悪いことは、先送りするか、なかったことにする。この核問題を見るときの問題のポイントが、そこにあると思います。

米軍統治時代に沖縄に配備されていた核兵器が、その後、どこに移動したのか。そのことを私も米国のワシントンまで調べに行きました。復帰後40年を経て、関係文書が開示されたのでロサンゼルスのニクソン・ライブラリーにも調査に行きました。ところが、文書は開示されたはずなのに「海苔弁当」です。肝心な部分は墨塗りされたまま。飛行機代を損してしまいました。

核の関連では最近、関連文書が開示されました。米国政府に沖縄かグアムに核貯蔵庫の建設に関することについて、見解を聞かれた日本の駐米公使が「そのような提案には、説得力がある」と前向きに評価していたことが明らかになりました。その人が、秋葉剛男氏。現在の外務事務次官です。アメリカの核戦略を評価する、核配備を容認するような人だから、外務次官にまで上り詰められたのかもしれません。

つまり日本の外務省、官僚たちはこういうふうにアメリカの政策に協力的であると、その後ポストが保障されて、事務次官にまで上がれるということです。そして核問題については非常に寛容であるということが、官僚の第一の条件となっていることの証左かもしれません。

日米安保と北朝鮮問題の関連で、先ほど基地のマグネット論に触れました。マグネットというのは攻撃を引きつける力があるということです。皆さん本土にいると沖縄に米軍基地があるのは当然だと思っているかもしれませんが、これは「太平洋の要石論」（Key Stone of Pacific）という理屈で、1960年代にこれは崩壊しています。なぜなら1960年代に沖縄に駐留していた米軍はマリアナ諸島のグアム・サイパン・テニアンに全面撤退しようと計画していました。理由は、中国が核ミサイルの開発などに成功して、沖縄が短距離ミサイルの射程内に入ってきたためです。ちょうど時期的には沖縄の施政権が日本に返還されるということもあって、使い勝手の悪くなりそうな沖縄からマリアナ諸島へと移動を検討したようです。

ところが日本政府が移転を阻止して、米軍は沖縄に駐留を継続することになったことが、最近の米政府の公文書で明らかになっています。マグネット論は、誰が何のために必要だったかというと、日本本土を守るために、日本が攻撃されそうになった時に、米軍基地の中枢を沖縄に置いておくと、沖縄が攻撃されることになる。そこで、日本を攻撃される前に停戦協定なりなんなりを結ぶということができるようになるのかもしれません。

マグネット効果を本土の皆さんは十分に知っている。だから、米軍基地を自分たちの地域には置かないで、沖縄に押しつけておく。沖縄の地理的優位性という幻想の中で沖縄に基地を押しつけて、日米安保に守ってもらうという構図が、戦後ずっと続いてきた日本の安全保障体制の幻想ではなかったかと思います。

北朝鮮問題では、先ほど和田先生も触れましたが、これはロイターのニュースです。2017年3月7日に4発発射されたミサイル発射を行ったのは、在日米軍基地を攻撃する任務を負った部隊によるミサイル発射訓練だったことが報じられています。「在日米軍基地を攻撃する部隊」。こういう部隊があるということが、明らかになっているにもかかわらず、これが正に、日米安保が今は安全保障ではなく危機にむしろ巻き込まれてしまう根拠になっていることの証左だと思います。

ミサイル発射訓練の際に、ミサイルが飛んだ先には青森の米軍のエックスバンドレーダー基地があります。最近、京都にもエックスバンドレーダーを配備しています。こういったところが軍事攻撃のターゲットになってきます。在日米軍基地を狙うためのミサイル攻撃ということで、日本ではなく日本にある米軍基地がターゲットになっているということです。

核攻撃についても大騒ぎをしている日本国民は多いと思います。これも先ほど和田先生がご指摘をしたように、ネット上にも出ている資料ですが、日本を狙うとしたら通常ミサイルで十分なんですね。ミサイルの攻撃対象になっている所がわかりますか。答えは、原発です。日本の原子力発電所を通常ミサイルで攻撃すれば、日本の都市機能はマヒし、放射能汚染で壊滅的な被害を受けることになります。原発は、そういう攻撃の標的になっているということです。北朝鮮政府首脳が「もし戦争になったら、真っ先に被害を被るのは当然日本だ」と公言しています。ところが、その発言は日本の中でそれが議論されるということはないところが残念なところです。

アメリカはもっとシビアに事態を分析しています。東京か沖縄が攻撃対象になるということですが、アメリカのジョンズ・ホプキンス大学は実際に北朝鮮有事の場合には数百万人の死傷者が出るということを試算しています。軍事専門家は核攻撃の際に、北朝鮮は保有する核ミサイルの全弾一気に発射するだろうと予測しています。

その場合にはイージスやパトリオットで全弾を迎撃することは困難、不可能だと言っています。そもそも、パトリオットミサイルやイージスで核ミサイルが撃ち落とせるのかどうか。皆さんの中で、ピストルの弾をピストルの弾で当てた方、何人くらいいらっしゃいますか。軍事専門家は、撃ち落とすのは、それぐらいの能力が必要になると言われています。これも時間がもうないので端折ります。

戦後、日本にはサンフランシスコ講和条約発効直前の1951年まで2824カ所の米軍基地がありました。講和後は減少して、現在は128カ所にまで減っています。しかし、その米軍基地の数すら国民の多くが知りません。今年3月と6月に国会の参議院予算委員会と沖縄北方特別委員会に参考人招致をされました。そこで国会議員の皆さんに、沖縄に米軍基地がいくつあるか、あるいは日本に基地がいくつあって、どれくらいの兵力が配備されているかという問題を出しましたが、結果は惨憺たるものでした。

日本に基地がある理由として駐留経費の負担が軽いという話があります。日本は「思いやり予算」も含めて、毎年7500億円ほどを負担しているとされています。駐留米軍に対する日本の駐留経費負担率は74・5%。これは米政府の試算です。韓国は40%、最近25%程度まで落ちていると聞きます。今、トランプ政権は、北朝鮮との交渉の中で、在韓米軍の撤退を俎上に載せています。在韓米軍を撤退させても、アメリカにとっては痛みがない。むしろプラスになる。トランプ大統領が考えそうなことは、在韓米軍を撤退して日本に移すだけです。費用負担は日本に移った方が、75%も負担してくれるので、駐留が安上がりになる、というわけです。

在日米軍駐留経費の負担額も含め、日本の防衛費は安倍政権になって急増してきています。軍事費の増大問題についても、非核化の論議の中で考えなければいけない問題だと思います。日本は、決して日米安保にただ乗りしているわけではない。日本も応分の負担を毎年している。年額7897億円を負担している。そのことの是非も論議してほしいと思います。

地位協定の問題について触れたかったのですが、もう時間切れです。一点だけ。実は、米軍が駐留しているだけで沖縄にとっては非常に大きな負担になっています。復帰後だけでもすでに6000件近い米兵犯罪が起きています。そのうち、殺人、強盗、レイプ、放火という凶悪事件が570件と、1割近くを占めています。基地を抱えるということは、米兵犯罪の被害も覚悟しなければならないということです。

それから普天間について、最後にここだけご紹介したいと思います。普天間問題については、沖縄では「上から目線」と言われて、批判された方がいます。どなたかご存知でしょうか。菅義偉さんという方です。現在の官房長官です。この方が「普天間は世界一危険な基地だ」と何度も言っています。そして「世界一危険な普天間基地の危険性除去には辺野古移設が唯一の方法」だと繰り返し強調しています。聞いたことありますでしょうか。「普天間が世界一危険」というなら、世界で二番目に危険な基地はどこか。三番目は。ところが、一番はあるのに、二番、三番は答えが出てきません。

なぜ、普天間は世界一危険な基地なのか。この根拠について調べてみました。これは沖縄で1972年の本土復帰後、2017年までに起きた米軍機事故の件数です。738件あります。このうち、普天間基地で起こっているのは17件です。嘉手納基地が508件です。普天間基地の30倍の事故が起こっている嘉手納基地は、なぜ「世界で一番」危険な基地になれないのかということです。

こういう数字の検証がないままに、基地の危険性だけが強調され、そして基地の外でたくさん起こっている事故については取り上げられないまま放置されている。

まず事実関係をしっかり知るということと、無知と無智と無関心というものをどう弾いてこの問題に関して議論を深めていくか。そのことが、非核化の足掛かりになるのではないかと思っています。

時間を超過してしまいました。ご清聴ありがとうございました。

東北アジア市民社会ネットワークの取り組みと挑戦

メリ・ジョイス（ピースボート・東北アジア平和構築インスティテュート）

皆さんこんにちは。ピースボートのメリ・ジョイスと申します。本日は東北アジアの市民ネットワークの取り組みと挑戦についてお話させていただきます。

私はピースボートという日本のＮＧＯで仕事をしています。元々はオーストラリア出身で、日本で仕事を始めて15年以上になります。本日はピースボートが他の東北アジアの団体と一緒にどういう活動をしているのかということ、少し今までの報告と違った視点から市民社会の具体的な取り組みについて、お話をしていければと思います。

分析というよりも、実際にどのようなことがされているのか、そしてその中でどういう課題に直面しているのか、またどういうことを今後一緒にやっていけるのかということを皆さんと一緒に考えていければと思います。

具体的に二つほどの活動を紹介したいと思います。もちろんこれ以外でも東北アジアでたくさんの市民活動がされていますし、この会場にいらっしゃる皆さんも様々な取り組みをされていると思います。私が具体的に関わっていることを二つほどお話ししたいと思います。

その一つは、ＧＰＰＡＣという国際的なＮＧＯのネットワークで、日本語に訳していきますと、「武力紛争予防のためのグローバルパートナーシップ（Global Partnership for the Prevention of Armed Conflict）」という非常に長い名前の活動です。紛争予防や平和構築に関する国際的な世論形成と政策提言を行っているものです。元々、２００２年に当時の国連事務総長であったコフィ・アナン氏の呼びかけで始まったもので、現在は世界中の15の地域プロセスに分かれて、それぞれの地域で「アジェンダ（課題）」を設け、行動計画を立てながら活動に取り組んでいます。

そして地域での活動だけではなくて、それをまた違う地域と連携をとっていきながらやっていくことが目的になっています。ピースボートはこのGPPACの東北アジアの事務局を担当しています。そして私自身がピースボートの中でその役割をさせていただいています。

「GPPAC東北アジア」というのは、元々始めようとしたのが2002年で、正式には2005年に立ち上げました。当時は、東北アジアでは200くらいの団体と個人が参加していましたが、今はいろいろと具体的な活動をしていく中で大体20くらいの団体で、運営と活動をしております。

GPPAC東北アジアでは、最初に200の団体で集まって議論した時は、「GPPAC東北アジア地域行動提言」を2〜3年ぐらいかけて一緒にまとめて、2005年2月に採択しました。その中で、東北アジアにおける武力紛争予防のための基本原則とともに、4つのカテゴリーで150以上の具体的な項目を一緒につくりました。「国連の課題」、「政府の課題」、「市民社会の課題」などに分かれた形となっています。

4つのカテゴリーというのは、具体的には、①「平和、共存」、例えば核の問題、軍事化の問題、基地の問題、②「平和的関与」の中ではやはり開発の問題、人道支援などの問題、③「平和、文化」の中には人権や平和教育などが含まれます。そして④「平和のための経済」という文脈の中では当時は国連ミレニアム開発目標（MDGs）というもので、今は国連の「持続可能な開発目標（SDGs）」などについて、地域の中での協力、経済協力についての具体的な行動の項目をまとめました。

例えばこの中から具体的に一つ始まった運動としましては、日本の憲法9条をアジアや世界の平和に生かそうというという「グローバル9条キャンペーン」がありますす。ピースボートが事務局となり、2008年5月には、「9条世界会議」を日本の多くの団体と幕張メッセで開催しました。その時もGPPACの各国のメンバーが駆けつけてくれました。

こういう市民社会のレベルでの活動がありますと、日中韓という三カ国の活動や、二カ国間の活動はかなり頻繁にあると思うのですが、GPPACの特徴は、二カ国だけではなくて、モンゴルや極東ロシアのウラジオストックなども巻き込んで地域で包括的な話し合いをしようということにあります。

先ほどのスピーカーの皆さんの話にもありましたが、東北アジアの中でも冷戦構造、そしてそもそも国家という概念の問題がこの東北アジアには存在しています。その中で「国家」という概念を乗り越えるため、参加するNGOは自分の国の代表としての参加ではなくて、「都市からの参加」という形にしています。例えば東京、京都、上海、北京、台北、香港、ソウル、ウランバートル、ウラジオストック、そして最近では平壌からの参加もあります。

これはあくまでも国を代表しての参加ではなくて、自分の個人としての立場、市民としての立場から参加するという取り組みになっています。もちろん、それぞれ国の中で市民社会の定義や活動できる範囲、優先課題は変わってきます。それは日本の中でもそうですし、他の国とも接する中でもそうです。私たちが考えるのは、本当に地域全体としてすべての人たちが一緒に参加できるような形で、対話の場をつくることが大事だということで、こういった形で活動しています。

そしてもう一つGPPACと関連して始まったものが、私の肩書にもあるNARPI（ナルピ）というものです。これもまた残念ながら名前が長くて、「東北アジア地域平和構築インスティテュート」です。英語ですと「Northeast Asia Regional Peacebuilding Institute」というかなり固い名前になっています。こちらは2009年より準備をして、2010年に正式に立ち上がりました。

韓国で活動するGPPACのメンバーが最初に提案をし、協力者を集めて、話し合いを重ねて、それで実際につくったもので、東北アジアの中で市民社会が、市民が一緒に集まって一緒に学び合いができるような場を提供しようということが元々の目的です。ピースボート、そして私自身は2009年より、この東北アジア地域に根ざす市民社会の平和創造の力をより強めることを目的にしたNARPIの運営に参加しています。

東北アジアには、歴史、領土、軍事、核の問題などの緊張した関係があります。それを乗り越えていくためにはやはり、人的な、そして財政的な資源なども必要と考えています。

しかし残念ですがこういった人的、財的資源は東北アジアの国々の軍事化に費やされています。この地域では敵意と軍事優先の文化を、そして平和と理解の文化に変革するのが必要で、そのためには教育と根本的なパラダイム転換が必要です。しかし人々に変革を起こすためのスキル、知識や資源を与える教育やトレーニングの機会が少ないのが現状です。それがなかなか優先されないというのが国家のレベルでの問題になっていますので、どのように本当にそれができる人材を育てていくのかということがNARPIの元々の考え方です。その中でやはりスキルを身につけて、知識を身につけて、そして他のアジアの人たちと一緒に考えて一緒に生活をしてネットワークをつくっていこうとしています。

やや固いものになりますが、NARPIのビジョンは、非暴力、相互協力、そして持続的な平和地域をつくるということです。それが私たちの目指している東北アジアです。定期的に平和構築のトレーニングを提供し、東北アジア地域の人々をつなげて力づけることによって、軍事的な文化や構造、恐怖や暴力にあふれたコミュニティーを、平和で公正なものに転換するというのがNARPIの考えているミッションです。

具体的にどういうことを一緒にやっているのかといいますと、毎年夏に2週間ほど行っているプログラムがあります。事務局はソウルの郊外にありますが、毎年違う町で、違う国でやるというのが一つの特徴です。やはりその地域、その都市、その文化のことを学んでみながら、その中で東北アジアのポジションなどについて考えていくということがNARPIのやろうとしていることです。

具体的にコースのワークショップもやりながらフィールドワークも一緒にやっていくので、本当に実践的なモノを目指しています。教室で先生の話を聞くというよりも、一緒に何かをつくっていく、何かを考えていく、そしてどういう行動を一緒にとっていけるのかということを考えられるようなプログラムにしています。

学生を中心に行っていますが、学生だけではなくて例えば宗教に関わっている方や学校の先生など、10代から

50代、60代までの方が毎年参加をされています。大体毎年50人位の参加者がいます。韓国、日本、台湾からの参加者が一番多いですが、モンゴルからも毎年10数人の参加があり、他の東北アジアの地域、東北アジアで暮らしている他の国の人たちも一緒に行っています。

今までは広島、ソウル、韓国の非武装地帯、ウランバートル、南京、台北そして沖縄で開催をしたことがあります。やはりその文脈の中で、東北アジアの問題を考えながら他の国の人たちと一緒に学ぶということが、すごく重要だということを実感しています。今までは例えば平和構築を学びたいと思った学生などが、やはり欧米に行って欧米の文脈の中でそれを学ぶという機会がほとんどなんですね。ですが、他の登壇者の皆さんの話にあった通り、東北アジアが抱えている歴史的な問題などを考えますと、この地域の中でこの地域に根づいた形でこの地域の人たちと一緒に考えていく、ということが今後の平和のためにも重要だと考えています。

一つ、最初に韓国に参加した時に学生から言われてびっくりしたことを紹介したいと思います。その学生が韓国に着いた時に「初めてアジアに来たよ」と言いました。韓国というのはアジアですけれども、じゃあ日本はアジアじゃないのか、今まではどの地域に住んでいるというふうにその日本人の学生は思っていたのかということです。日本の学生、そして他のアジア、東北アジアの市民と一緒にこの地域のそれぞれの関係や、自分が住んでいるところが他のアジアとどういう関係があるのかということを考えるきっかけをもっともっとたくさんつくっていかなければならないと実感しました。今年も8月8日から韓国の済州島でNARPIのプログラムを開催します。

最後にもう一つ、GPPACが行っているプロジェクトを紹介したいと思います。こちらは学生というよりも、NGOや学者を中心としたものです。ウランバートル・プロセスという市民社会の対話です。こちらのプロジェクトは正式に立ち上がったのが2015年で、東北アジアの平和と安全の促進を非政府・市民の側から支援していこう、そして東北アジアの中でそれぞれの国の参加者がオープンでフラットな場で話し合いができるプラットフォームをつくるということを目的にしています。

この中には、六カ国協議参加国の出身者およびモンゴルからの参加者がいます。そして私はオーストラリア人ですが混ぜてもらっています。政府レベルで安全保障などの話し合いができる地域協力機構などが存在しない、また、六カ国協議やオフィシャルな対話がストップしてしまっていた中で、市民レベルでの対話を追求する。いつかまた政府レベルでの対話が可能になってきたときに、その環境を支持するような市民レベルでのプラットフォームをつくることが必要だと考えています。

今まで3回ほどこの会議を行っていますが、毎回モンゴルで開催しています。なぜかというと、モンゴルというのは南北コリアを含め、どの国とも友好的な関係があるのです。そしてモンゴルは「一国非核地帯」という特徴を持つ国です。核保有国の間にありながら非核化した国として、モンゴルからの教訓などを学びながら協力してやっていくということをしています。現地では、モンゴル政府のサポートのもとで、モンゴルの一国非核地帯としての地位を支えてきたNGO「ブルーバナー」がコーディネイトをしています。

中国、日本、モンゴル、北朝鮮、韓国、ロシア、米国などからGPPACのメンバー約30名が参加者として集まり、市民社会の視点から現在の緊張を緩和するための対話・平和的解決について話し合いを行っています。そしてリソースパーソン（話題提供者）としても、例えば東北アジアの非核地帯を研究されている長崎大学核廃絶研究所（RECNA）からの専門家などにも参加していただいています。ピースボートが昨年ノーベル平和賞を受賞したICAN（核兵器廃絶国際キャンペーン）の国際運営団体にもなっていますので、核兵器禁止条約がどうやってできたのか、そして今後の展望や活用についてもICANの経験を通して具体的に議論を行なっています。東北アジアでどのように活かしていくのかなど、具体的に東北アジアの安全保障、そして市民社会としてできることの話し合いを定期的に行っています。2018年9月には第4回の会合を予定しています。

一つの成果としては、去年の11月に一つの書籍、『Reflections on Peace and Security in Northeast Asia - Perspectives on the Ulaanbaatar Process』をつくりました。それぞれの国の視点から今の東北アジアの課題をどう考えるのかを議論し、共同で出版しました。

他の国の出身の人たちと一緒に編集をして、一緒に書くというのはなかなか簡単ではありませんでしたが、具体的な成果としてこの書籍を出しました。英語版のみの出版ですが、ウェブで無料で読むことができます（リンク：https://medium.com/@GPPAC_NEA）。

最後に市民社会が抱える課題などについて、簡単にいくつか項目だけを申し上げて終わりにしたいと思います。やはり安全保障と歴史的な構造などという問題からくる課題などというのはたくさんありますが、それよりもすごく実務的な問題もたくさんあります。

例えば、この地域の人同士が集まることすら許されていないような法律が多くの国にあります。たとえば、韓国の5・24措置（人道支援や接触そのものを禁止する制裁）や、アメリカに関しては国務省による渡航禁止などがあります。そしてそれ以外にも資金の問題もあります。物理的にどうやってこの人たちを集めてコミュニケーションをとって、会議を進めていくのか。そしてやはりこういった東北アジア全体のものになりますと、どうしても共通の言語が英語になってしまうというのがあります。それによって残念ながら、本来だったら参加してほしい人がなかなか英語だけでの議論に参加できないということもあります。NARPIもGPPACも、それで「誰の第一言語でもない、共通語としての英語」を選択していますが、それはもちろんとても限定的であります。しかし、そこで通訳をつけようと思ったら、六カ国語、七カ国語ぐらいの数になってしまいますので、もし東北アジア全体としてやろうと思ったら、そういう本当に実務的な課題が日々あります。

そして何よりもこういった活動をしていくためには、市民社会の社会全体としての理解、そのお互いの信頼ができるような環境をつくるということが最も重要という風に考えています。

残念ながら、特に日本の中では全然まだまだ足りないというようなことを感じることもあります。お互いへの不信、お互いの偏見、お互いの嫌な気持ち、そしてもちろん歴史的な背景からも、日々のメディアなどを通して煽られていることもあると思います。こういう風に一緒に集まって、交流することが良いことだということを社会全般で共有して、そしてもっと多くの人を巻き込んでいくようなことが必要ではないかと思っています。

核兵器のない世界と東アジア非核化構想

——反核平和運動の課題

梶原渉
（原水爆禁止日本協議会）

ご紹介いただきました日本原水協の梶原と申します。核兵器のない東アジアを考える上では、核兵器が73年前に広島と長崎に投下されてからどういう状況下で使われようとしてきたのかを考える必要があります。核兵器廃絶の何よりの理由は、核兵器使用の非人道性、残虐性、無差別性にあるからで、それをアジアに即して簡単に見てみましょう。

和田先生や前泊先生のご報告にもありましたので、簡単に触れます。一つ紹介したい本があるので持って参りました。ペンタゴン・ペーパーズで有名なダニエル・エルズバーグさんが去年の12月に出した *The Doomsday Machine* という本です。岩波書店から和訳が出るそうです。冒頭からもうショッキングな記述です。エルズバーグ氏は、ペンタゴン・ペーパーズをランド研究所にいた頃に暴露するとともに、このアメリカの核戦略、核兵器使用計画、核戦争計画に関する膨大な文書も手に入れていました。

本の冒頭で、エルズバーグ氏が目にした１９６１年につくられた核戦争計画について触れられています。ソ連との全面核戦争になった場合に、最低でも２億７５００万人位が死ぬと。ソ連との全面核戦争をやろうと思えば、ソ連だけを狙うのではなく、ソ連と友好な関係にある中国も同時に狙う。そうすると、フォールアウト、放射性核降下物等の影響もあいまって、中立国も含めて、全世界の5億人が死ぬというような計画だったそうです。エルズバーグ氏はこんなものがこの世の中に存在しては絶対にならないという決意を持ったと冒頭述べられております。

　この問題に関わる人にはぜひ、必読文献だと思います。アメリカはこのアジアにおいて、朝鮮戦争、インドシナ戦争におけるディエンビエンフーの戦い、台湾危機における金門島への核砲弾使用、ベトナム戦争など、何回も何回も核兵器を使おうとしてきました。これが、この今の東アジアをめぐる様々な緊張関係の背景にあります。和田先生がおっしゃったような土台の一つに含まれるかと思います。

　これらのような核兵器使用の危険を取り除かないと非核化とは言えません。アジアには北朝鮮のみならず、アメリカ、ロシア、中国と核保有国が対峙しあってきました。東アジアの非核化は、核兵器のない世界の実現へのプロセスと併行させなくてはなりません。

　ご存知の通り昨年7月7日に核兵器禁止条約が国連で採択されました。核兵器禁止条約は歴史上初めて核兵器に関わるあらゆる活動を禁止した、非常に画期的な国際法であるといえます。

　特に東アジアとの関係で重要なのは、核兵器の使用のみならず核兵器の威嚇も禁止したという点です。ですから、この朝鮮半島を巡る危機でアメリカや日本が行ったような合同軍事演習も含めて、禁止されるということです。禁止条約は署名・批准した国しか拘束しませんが、国際規範としては既にありますし、市民社会が核保有国やその「核の傘」の下の国に対して非核政策を要求するよりどころとなります。活用しない手はありません。

　この禁止条約はなぜできたのでしょうか。昨年ノーベル平和賞を受賞した核兵器廃絶国際キャンペーン（ICAN）の働きもありましたが、73年前の広島と長崎への原爆投下がもたらしたような残虐な、非人道的な被害を再び繰り返してはならないという点から議論を起こしています。禁止条約の前文でも触れられています。

　それを広めてきたのが、やっぱり日本の広島・長崎の被爆者の皆さんなわけですね。この努力を今後、私たちが被爆者の皆さんの闘いを引き継いで、より発展強化させていくことが、求められているわけです。

　では、そういう中で核保有国はどうしているのかというところが今問題です。なによりもアメリカです。確かにトランプ政権は今回の朝鮮半島を巡る問題で対話に踏み出してはいますけれども、ご存知の通りイランの核合意を破り、アメリカの対外政策において、核兵器の役割を増やす、核兵器の使用も辞さないという姿勢をとっているのが、非常に重大であります。

このトランプ政権が今年の2月2日に出した「核態勢見直し（NPR, Nuclear Posture Review）」がそれです。ご存知の通り、前のオバマ政権は、アメリカは唯一核兵器を使った国として核兵器のない世界を目指す道義的責任を有するということをプラハの演説で言って、一定程度の政策を変更しようとしました。

例えば核兵器の役割を、核兵器の使用を抑止するためのものに限るだとか、あるいはアメリカが先に核兵器を使うことをしない、先制不使用といいますけれども、そういうことをやろうとしました。それでも核兵器禁止条約の交渉会議設置を求める国連総会決議には反対するなど、非常に不十分だったわけですが。

トランプ政権はそれをも超えて、アメリカへの通常攻撃に対する抑止にも核兵器を使う。そしてアメリカの核軍備、核弾頭や運搬手段はもちろん、戦争計画に必要なインフラ、通信機器だとか人工衛星だとかそういったものすべて増やすとNPRで打ち出しています。

しかもNPRで、特にこの韓国や日本といったアメリカとの軍事同盟の下にある国にとって重要なのは、前方展開の強化です。かつて撤去した巡航ミサイルをもう一回配備するとか、海上艦船に配備する核ミサイルも増やすということで、日本や韓国に対するこの核兵器の持ち込み、配備といったものの危険が増す、そういうNPRになっているわけです。

縷々、安倍政権の対外政策のことが、これまでの報告の中でも問題になりましたけれども、このNPRを真っ先に高く評価するというコメントを河野外務大臣が出したわけです。ですから、核兵器のない東アジアを目指すという点において、特に日本の市民社会が取り組まなければならないのは、こうした被爆国の政府の政策、姿勢を変えるためにこの世論と運動を高めなければならないという点であります。

それは、アメリカの中で、アメリカの平和運動がやっている努力からしても日本の市民社会の役割が求められています。今年の5月にニューヨークで、アメリカの平和運動が主催した国際会議に原水協代表理事の高草木が行って発言しました。ノーム・チョムスキー氏が講演し、あと先ほどご紹介したダニエル・エルズバーグ氏もビデオメッセージという形で参加をしました。

ここで、アメリカの草の根運動、平和運動が何を考えているのかというと、反トランプ政権の様々な運動、女性行進であるとか、銃規制を求める高校生の運動であるとか、そういったより良いアメリカを目指す様々な運動との共同をアメリカの反核平和運動が持とうということで、様々な努力をしています。反トランプの様々な運動課題と核兵器禁止・廃絶の課題を結びつけようとした場合に、安倍政権の下での憲法9条改正に反対する市民と野党の共闘をはじめとする日本の運動に注目が集まっているそうです。

ですから、そういった動きも踏まえながら、最後に日本の運動の課題ということを中心に述べたいと思います。

日本政府の核兵器禁止条約には署名しないという姿勢を変える必要があるわけですね。長年に渡って日本の外交政策、安全保障政策というものは、日米安保体制のもとでこのアメリカの力、特にアメリカの「核の傘」に頼ればいいという考え方が、日本の外交当局者の本当に何か骨の髄にまで染み渡ったイデオロギーと化している感があります。

6月末に原水協として日本政府へ申し入れを行い、外務省軍備管理軍縮課長と交渉してきました。核兵器禁止条約の署名・批准がすすみ、これだけ朝鮮半島で対話の流れが起きているのだから、日本国憲法に沿って対外政策、外交のあり方を転換しろということを言ったんですけども、外務省の返事は北朝鮮の完全な非核化、核の廃棄が済むまで、アメリカの核抑止力に頼る政策を変えないという非常に問題のあるものだったわけです。

特に安倍政権になってからアメリカの「核の傘」への依存が極まっているのはNPRに対する姿勢から明らかだろうと思います。じゃあそれをどう変えるのかという点で、私たちが非常に大事にしているのは草の根、普通の人々に核兵器禁止・廃絶の運動に加わってもらうということと、共同を広げるということです。まず草の根に、この核兵器禁止・廃絶の声を広げるということでいうと、「ヒロシマ・ナガサキのヒバクシャが訴える核兵器廃絶国際署名（ヒバクシャ国際署名）」という署名運動を中心に取り組んでいます。

２０１６年の4月から行われていますが、この要求項目は核兵器を禁止し廃絶する条約を結ぶことをすべての国に対して訴えること、つまりアメリカも中国も北朝鮮もロシアもということです。去年の9月段階で全世界で５１５万筆集まっています（２０１８年9月30日現在、８３０万４０３人が署名）。

この「ヒバクシャ国際署名」が重要なのは、核兵器の惨禍を体験した被爆者の皆さん自らの呼びかけであるということです。日本だけではなく、韓国の原爆被害者協会の方の呼びかけも入っていまして、そういう普遍的な訴えをしてそれが広く共感を呼んでいます。

それと、原水爆禁止運動そのものの共同です。ご存知の通り原水爆禁止世界大会は１９６０年代前半に非常に不幸な分裂に遭いまして、その後、統一大会も開いたことがありましたけども、統一が十分に回復されているわけではありません。

しかし努力はしておりまして、１９９９年7月7日に日本原水協は、運動の歴史上起きた様々なことはあるにしても、原水爆禁止運動の共同を追求する立場を表明して活動してきました。その後の、憲法や原発、安保法制（戦争法）をめぐる共同の経験を経て、今年の世界大会には戦争させない・9条壊すな！　総がかり行動実行委員会共同代表の福山真劫さんが来賓挨拶をされることになりました。ご存知の通り福山真劫さんは、原水爆禁止日本国民会議の事務局長もされていた方で、平和フォーラムの共同代表もされている方です。

※8月4日、原水爆禁止２０１８年世界大会―広島・開会総会にて、福山真劫氏は来賓挨拶し、次のようにしめくくった。

「安倍自公政権の暴走を止め、核軍縮・被爆者支援・脱原発・憲法9条擁護・沖縄新基地建設阻止・平和・民主主義の時代をつくり出すためには、そのことを目指すべての市民、団体、野党が連携・連帯して闘う必要があります。分裂していたのでは、安倍政権に勝てません。共同、共闘の中にこそ、私たちの未来があります。今回の原水協の大会は、大きな共同、大きな参加を呼びかけました。更なる発展への大きな第一歩になると確信しています。『未来』のため、ともに頑張りましょう」。

ですから、そういうこれまでの運動の垣根を越えた共同を、私たちは、被爆者の方の残された時間も少ないという下で大いに広げて事態を前に進めたいというふうに思っております。

最後に、この科学者・研究者の役割ということを極々簡単に述べておきたいと思います。ちょっと思い出していただきたいのは、今年2018年は核分裂が発見されてから80年目の節目の年だということです。オットー・ハーンが見つけたもので、ご存知かと思いますが。

第一に、核兵器の使用がもたらす、この非人道性の解明を、自分たちの課題としてとらえていただきたいということです。この核兵器禁止条約ができる過程では、様々な専門家や科学者が、分野を問わず、核兵器というものが如何に人間の生活と人類の生存にとって危ういものかということを縷々明らかにする国際会議を3回開催して、それがその会議に参加する政治家、外交官の認識を変えたという経緯があります。皆さんぜひ科学者会議としてもやっていただきたいのが一つと。

第二に、核抑止というのを核保有国は自らの核保有の正当化の根拠として使います。今回の朝鮮半島の事態を見ても、これが効いていないし、そもそも誤っているということが言えるかと思いますが、それでも核保有国が姿勢を変えないのはなぜか。本当の本質は何かということをやっぱり、明らかにするということが大事だろうと思います。

三つ目には平和教育です。大学の教員をなさっている方が多いかと思います。それぞれ自分の立場から科学の悪用・誤用としての核兵器、原発も含めた核の問題をどう教えていくべきか、伝えていくかという所は非常に実践的なものとしてあるんじゃないかということを最後に申し上げて私の報告とします。

ご清聴ありがとうございました。

第3部 討論

和田春樹・李俊揆・林泉忠・前泊博盛・メリ・ジョイス・梶原渉

和田 遠い所からおいでいただいて、お話を伺わせていただきましたが、とても印象深いお話でありました。

私は、李俊揆さんのお話で、やはり今回のことにつきまして、韓国の努力、韓国のイニシアティブというものが非常に大きかったとお述べになったところはその通りだと思いました。

台湾からお越しになった林泉忠さんのお話では、やはり台湾という国が非常に難しいところに立たされているということであって、しかし、なおかつ台湾というものが、だからこそ非常決定的に重要な役割をこれから果たすことになるのではないかというふうに思いました。というのは、台湾とそれから沖縄というところは、まさに日中、米中のいわば関係の中でいえばこの台湾と沖縄の協力というものは非常に重要だと考えるからであります。東北アジアということを考えた場合に、国同士の連携というか国同士が国交を接しているとみることもできますが、しかし東北アジアの中で大きな島がお互い結びついていくという点でいうと、台湾、それから沖縄、それから済州島、サハリン、クリル諸島、それからハワイ、こういう所が非常に重要な結びつきを持って連携するということが、この地域を救うものではないかと思われます。そういうようなことも一つ展望としてあると思います。

三番目に沖縄のことは重要性はかねがね承知しており

ましたが、前泊さんのお話を聞いてみて改めて非常に強く印象を受けました。安保があってそれで守られているということでなく、安保があるからこそ危なくなっていると、それが沖縄の方の実感だと思います。それはある意味では我々の感覚にもなっている。この過程ではなったということもあって、それだけにやはり、今この局面の中で日米安保の問題が浮かび上がってきたら、これを活かしてしっかり議論しなくてはならないと思うというふうに思われます。

メリ・ジョイスさんのお話はやはり非常に印象的であったと思います。私が疎いということもありましたが、ほとんどそういうご努力については知りませんでしたので、これはとても大事なことではないかと思われます。もっとこれが知らされていくようなことが必要ではないかと思いました。

それから梶原さんのお話も原水爆禁止日本国民会議（原水禁）の方との新しい共同の努力の方も含めて非常に印象深いお話だったと思います。

それで、二つの問題があり、一つかもしれませんが、やはり北朝鮮が核武装をするということにして核武装したと、その上で核兵器をなくすという約束したと、公然とですね。こういう大変な事態が起こりまして、このことをやはり徹底的にやっぱり活かしていくというか、そしていろいろな運動を進めていく、議論を進めていくということが必要ではないかと私は思いました。

つまり、核兵器を持った国が核兵器をなくすということを公然と約束したということは、前代未聞のことでして。ですから、ただちにアメリカ、中国、ロシア、フランス、イギリス、それともイスラエルもそうなのかもしれませんが、核兵器をやっぱり北朝鮮にならえということになるわけで、核兵器をなくせということになってくる、そういう問題がありますね。

それから、やはりアメリカ軍、アメリカの基地というものを問い直すということが、またその問題から出てくるということを、この際やっぱり議論していく必要が大いにあるということが一つです。

それから、もう一つお話の中で出てきたことは、やはり当事者意識というものが要するに必要であると、つまり当事者意識というものを我々日本人が十分に持っていなくて、そして結局、物事を詰め切れないでいるということがあるんじゃないかということになりました。東北アジアの新しい平和な体制を望むとすれば、それはまず自分たちが東北アジアの一員だという、そういう意識を持たなきゃならないということになってきます。

それで実は、ちょっと申し上げますと、東北アジアという言い方と北東アジアという言い方があるのはご存知だったろうと思います。日本では完全に公式では北東アジアになっております。それはなぜかというと外務省に北東アジア課というのがあるからなんですね。つまり「North East Asia」というのは直訳すると「北東アジア」になるわけです。それで私は東北アジアと主張してきまして、それで議論になって、それで問題が起こって、和田とやるとすぐ東北アジアと言わなくちゃだめだということで、和田は除けということになっているところがあるんですが。

しかしやはり、今や東北大震災という中に生きている我々が東北という言い方はおかしいということを言ったら、東北の人たちに顔が合わせられませんよね。そういう状況でいえば、中国も韓国も、全部東北と言ってるんですよ。モンゴルだって東北が先なんですよ。アジアはみんなそういう関係する国を東北と言っていて、北東というのはヨーロッパ語なんですよ。直訳なんですから。だからピースボートが、ジョイスさんが、東北アジアと言われたのは非常に私嬉しく思っています。

梅林君は情けないことに、途中から北東に変えてしまったんですよ。それでですね、これは小さなことに見えるかもしれませんが、しかしやはり本当に真剣にやっぱり自分たちがこの地域に生きていて、この地域を変えていくんだという意識を持つんだったら、この問題をやっぱりちゃんと議論することだと思いますね。

いずれにしても、とにかくこの地域というものにわれわれが属しているという当事者意識をはっきり持ってですね、この地域を平和なものにする。そういう大きな機会が来ているということを活かしていくのが必要ではないかと。

司会　ありがとうございました。和田先生からそれぞれの皆さんへのコメントがありましたけれども、まず簡単にお一人ずつ、ご反応を聞かせていただけるでしょうか。

李　実は私にとって今日のこの場はですね、とても光栄な場です。私にとって和田春樹先生は教科書です。私は政治学が専門なんです。国際政治を含めてです。大学2年生の時に、「北朝鮮現代史」と「韓国政治」の二つの講義を受けたんですけど、その講義で両方とも和田先生の本が教科書でした。私にとってはそういう方なので、こういう並びで座っていることがとても光栄です。

和田先生がおっしゃった通り、私は韓国のイニシアティブを特に強調して申し上げたんです。つまり南北関係の軸です。私は三回目の歴史的機会というふうな表現で申し上げたんですけど。一回目や二回目の歴史的機会という歴史を振り返ってみると、普通は朝鮮半島をめぐった国際政治が動いて、その国際政治の変動の影響で南北関係が発展した、そういう流れでした。

でも今回は南北がお互い決断をして突破口をつくって、モメンタムをつくり、維持しているところが一つの特徴だと私は思っています。だから私たちは新しい体験をしていると思います。もちろん、その新しい体験に向き合った時に、または向き合ってる時に、混乱してしまうアクターもいると思うんですけど。それが日本の安倍政権じゃないかと思うんですけど。何で時代がこんなに変わってしまったのかというふうに考えているかもしれませんが。

でもやっぱりそういう激変という流れの機会をちゃんとつかんで、特に我々市民がどういう声を上げるか、どうやって介入していくかが、大事だと思うんです。和田先生がおっしゃった通り、国家と国家の連帯とか国家と国家の関係だけでなくですね、市民と市民の関係、市民と市民の連携とか、または、ジョイスさんもおっしゃった通り、都市と都市の連携など、そういう国家を乗り越えての連帯が重要だと思うんですね。

例えば、実際に済州島と沖縄は、軍事基地問題で、長年にわたる連帯の歴史を持ってます。済州島と沖縄は、歴史的にも現実的にも連動しているところが多いんです。私のレジュメに書かれているように、沖縄に前進配備されていた核兵器と韓国に前進配備されていた核兵器の数が一番多かったのが1960年代の末頃だったそうです。一つ興味深い歴史的事実は、当時ですね、沖縄返還の話が出て、核抜き沖縄返還の話が議論されていた状況の中で、実際に当時韓国の大統領だった朴正煕がアメリカのニクソン政府に、沖縄を核抜きで返還してしまうと「あなたたち核基地が必要じゃないんですか」、「だったら済州島を核基地として提供します」と提案したということです。

やっぱり国境を越えて住民と住民、市民と市民がどうやって連帯していくのかが大事だと思うんです。

ここで一つ、ジョイスさんに質問して良いんですか。討論も活発になると思うんですが。ジョイスさんの話を聞いて、国際レベルでの市民の連帯に積極的に取り組んで来られていることがよくわかります。私もピースボートには知り合いが多いんですし、ピースボートの運動やイベントは結構参加したことがあります。わたしが一つ知りたいのは、そういう国際レベルでの市民の連帯というのが、やっぱりそれぞれの国々とか、それぞれの地元に帰ってきてその運動の力、または運動の組織的成果として、残らなきゃならないと思うんですけど、そういう所への悩みというか考えはどういうふうに思っていらっしゃるのかです。

林　和田先生から大変適切なコメントをいただきました、ありがとうございました。私が1990年代に東大で勉強した時、和田先生は本当に憧れの存在でした。先生の本も何冊も読みました。まさか今日、そういう先生と一緒に同じステージに立てる事を、非常に嬉しく、光栄に存じます。東アジア全体の安全保障や、地域秩序における台湾の重要性についての先生のご指摘は、まさにその通りだと思います。朝鮮半島の情勢はまだ、潜在的な危険性もまだまだ残っていると思いますけれども、過去数カ月間の一連の動きからすれば、ある程度良くなり、一段落ついたかもしれません。

むしろ今後、米中の摩擦が起きて、東アジアにおける緊張関係が台湾海峡に移るという分析が、アメリカの方から出ています。東アジアの安全保障を考える際には、台湾海峡のあり方が重要となってくると思います。

前泊　ありがとうございました。先ほど和田先生から「当事者意識の問題だ」という話がありました。翁長雄志沖縄県知事は、沖縄で米軍事故が起こる度にアメリカに対して抗議し、そして事故原因の究明と再発防止策が確定するまで事故機が飛行を再開しないように申し入れますが、アメリカに言ってもなかなか聞いてもらえない。逆にすぐに飛行再開ということになる。そこで、日本政府にお願いして日本政府からアメリカ政府、アメリカ軍に飛行中止や事故原因の究明を求めたら、アメリカも聞いてくれるんじゃないかとずっと信じていたようですね。

翁長知事は自民党の沖縄県連の幹事長をなさった方で、「保守本流の政治家」を自任しています。だから彼は日米安保については認めているし、集団的自衛権も認めている。それから辺野古以外の在沖基地の存続も全部認めている。ある意味では辺野古の基地建設だけ反対という非常にハードルが低い。ところが、安倍政権は、それすらも認めてくれない。なぜ辺野古新基地建設を中止できないのか。その理由を翁長知事に尋ねた時に、翁長知事がはっきり言ったのが「日本政府には当事者能力がない」ということでした。「だから日本政府に言ってもダメなんだ」という話になりました。「日本政府はアメリカに対してモノを言ってもくれない」と翁長知事も思っていたら、実は「日本政府がアメリカにモノを言っても通用しない」ということがわかってしまったんですね。

例えば2016年12月にオスプレイが沖縄本島北部の名護市東海岸に「墜落」したとき、墜落を政府は「不時着」と発表していますが、あれは墜落なんですけども、その時にも日本政府は海上保安庁が事故現場の共同調査を申し入れたんですね。ところがアメリカ軍は日本政府の公式な要請を無視しました。調査申し入れに返答しなかったんです。政府として申し入れたのに、無視されてしまうというですね。それから次に2017年10月に米軍普天間基地所属のCH-53E大型ヘリコプターが沖縄本島北部の東村で不時着炎上事故を起こした時も、たまたま衆院選の応援で沖縄入りしていた岸田前外相が現場に入ろうとしても、アメリカ軍に規制されて現場入りを拒否されています。ポスト安倍の最有力の次期首相候補ですら、日本国内で起きた米軍機事故の現場視察を阻まれる。岸田前外相は「誠に遺憾である」と苦言を呈しています。岸田前外相は、怒って在沖米海兵隊トップで在沖米軍トップの四軍調整官に面談を求めますが、それも拒否されて「誠に遺憾である」と捨て台詞を残して沖縄を後にしています。

ＣＨ－53大型ヘリの事故では、日本政府が「事故原因を調査した上で飛行再開をどうするか決める」と小野寺五典防衛大臣が言いました。しかしその30分後には米軍に事故同型機の「飛行再開」を発表されています。このように面子が丸つぶれになっているにもかかわらず、アメリカに対して「ＮＯ」と言えない。問題の解決策を出せないというのが、この国の当事者意識の前に、当事者能力の欠落を示すものだと思います。その当事者能力のない政府を支えている当事者意識のない国民というのはどうなんだろうか。そういう話に戻ってくるように思います。

日本人は安全保障問題になると「脅威論」に非常に弱い。「ソ連脅威論」「中国脅威論」「共産主義脅威論」というのを１９６０年代から70年代にやっていたのを覚えていると思います。それがなくなったら「北朝鮮脅威論」というのが出てきて、これが緩和しそうになると「中国脅威論」に戻っていったりします。「脅威論」がないと生きていけないのが日本人なのか、というような気がします。

お互いが脅威論を言い合って、武力を強化していくという「ネガティブ・スパイラル」に陥って「軍拡競争」「恐怖の均衡」「冷戦構造」へと負の連鎖がつながっていく。そういう恐怖による力の均衡の方にまた行ってしまいかねない。そのことに注意をしないといけないと思っています。

今、「印象操作」という言葉を安倍首相自身がよく使われます。安倍政権批判に対して「印象操作だ」と批判的に使いますが、安倍首相自身が非常に上手に国民を印象操作しているなという気がします。そして印象操作されやすい国民というのが、私も含めてそうですけれども「二者択一」の論議に引き込まれると顕著になります。

例えば、安倍政権がよく使う手法ですが、「アメリカをとるか、中国をとるか」という二者択一の形で問われると、「やっぱり日米安保があるからアメリカ」とか言うんですね。けれども経済面から日本と中国、日本とアメリカの取引額、貿易量を確認したうえで「20兆円のアメリカと、35兆円の中国。どっちをとりますか」と問われると「中国！」という声も出てくる。「アメリカを選んで、中国を失ったら１００円ショップもなくなるし、ユニクロもなくなっちゃうよ」という話をすると、「やっぱり中国も」と言ったりするんです。

そういう二者択一の選択に弱いのが日本のような気がします。よく例えで言うのですが、「道に千円札と、五千円札と、一万円札が落ちていたら、どれをとりますか?」と問うと、みんな迷わず「一万円!」を選んだりします。「どれをとるか?」という質問に対しては「一万円」だけども、「どうしますか?」という質問になると「全部!」という返答になると思います。そういう「どれをとるか」の問い、質問によって選択肢を狭められて、現実とは異なる答えを選択してしまう。これが、この国の国民の弱点のように思います。今日はそういう印象操作や二者択一で翻弄されないように、当事者意識を持って帰れるようにしたいと思います。

ジョイス　ありがとうございます。ピースボートとGPPACではあえて東北アジアの表現をずっと使ってきたので、こういうふうに和田先生に言ってもらえてすごく有難いです。私自身も英語が母語なのですが、あえて「東北」といってずっと活動してきました。

こうした市民同士の活動もなかなか知られていないという課題も指摘していただきました。実際に活動している団体の広めていく活動がまだまだ足りないということは問題の一つとしてあると思っています。

もう一つ、この東北アジアの市民レベルの対話ですとか、特に北朝鮮の人たちが参加するものとしては、なかなかいろいろな政治的な障害などもあって公表ができないなど、今でもたくさんの壁があると思います。

例えば、特に前の朴槿恵《パククネ》政権のときですと、こういった活動に参加する韓国の市民社会の人たちは本当にすごく大きなリスクも抱えながら参加していたということも指摘をしておきたいと思います。政権は変わりましたが、数年前にできた5月24日措置と呼ばれる制裁も韓国の中では、まだ実際に存在をしていまして、その中で南北コリアの交流や、人道支援もできないというようなことが政治のレベルでもたくさんあります。

もちろん、日本の中ではそういったような法律とまた違った形ですけれども、こういうふうに六カ国協議参加国の人たちが参加する会議を開いていることも、なかなか公の場ではできないということが、ここ数年の私たちの課題です。

本当に持続可能で安全な場を提供することが必要ですが、去年まではこういうことをやっているということも、オープンに話せませんでした。ＮＡＲＰＩという若者を中心にやっている平和教育プログラムはまた少し違いますが、後半の方で紹介したウランバートル・プロセスというのは、そうした背景があって、なかなか広めていくことができていないというのが現状です。

今こういう風に国際社会の中でも、ムードが変わってきている中で、地道にしてきた活動をどう紹介し、どのように他の人たちも参加できるような形にするのかということが、今まさに問われていると考えています。

今、集まって対話することが可能になっている環境の中で、対話するだけではなくて、実際に提言していく、オルタナティブ・アプローチを実際に示していくことが、市民社会には一番大きなチャレンジであると思っています。

あと、いくつかの島というお話があったと思います。私たちＮＡＲＰＩもそうした島の重要性を強調するために、台湾、沖縄、そして済州島でこの平和教育のプログラムを行っています。今年も、済州島で行うのですが、そこから何を学ぶべきなのか、そしてそれぞれの島同士の連携がずっと長年継続されてきたことから、他の所に住んでいる市民がどういうことを学ぶべきなのかということを考えながら、平和構築のトレーニングなどを行ってきております。

そして非核化の話で核兵器を持つ国が自分から放棄することがなかなか難しいという話もありますが、最近ある国の外交官と話をした内容をご紹介したいと思います。南アフリカの外交官の方です。なかなか日本でも話題になっていませんが、去年新しくできた核兵器禁止条約にも南アフリカが非常に大きな役割を果たしました。南アフリカは以前は核兵器のプログラムを持った国、そして自らそれを放棄した国なのです。

その南アフリカの外交官がぜひ南アフリカのモデルをこれからも見せていきたいというような発言をしていました。小さい国ではありますが、そういった歴史を持つ国として、どのように判断できたのか、もう少し勉強していきたいと考えています。もちろん歴史的な状況も、今の政治的な状況もまったく違う地域でまったく違う問題ではありますが。

そして李俊揆さんの話にあった質問―国際社会での市民連帯とそれぞれの国や地域での運動についてーも、日々悩んでいることです。どう答えるのか難しいのですが、国際的に連携していくことの大事なポイントは、それぞれの地域では政治的な問題でなかなかできないことを国際的な連携があったからこそできるものもあると思うんですね。

例えばウランバートル・プロセスというものは、日本の団体として呼びかけて日本の団体主導でやろうと思ったら、なかなか実現できなかったと思います。そこはGPPACというオランダのハーグに事務局があって、国際的な市民社会のネットワークを持つものだからこそ実現できたということがあると思います。特に東北アジアほど冷戦構造も残っていて、歴史的な植民地の歴史なども含めてまだ問題がたくさん残っている地域の中で、そこだけでやるというよりも、国際的な連携をどういうふうに、上手く利用して実現していくのかということが一つポイントかなと思います。

私自身も東北アジアの出身の者ではないからこそファシリテートできることもあると思います。なかなか日本人だったら、言いづらいことですとか、やりづらいこともあると思いますので、うまく利用できることは利用するということは一つ感じていることです。しかし同時に、それを持ち帰った時に、どうやってそれぞれのコミュニティーでそれぞれの文脈で行動していくのかというのは本当に大きな問題です。皆さんも日々感じていると思いますが、それぞれが日々の生活も日々の抱えている問題もたくさんあるので、どういうふうに継続したコミュニケーションと連携をとっていくのか、ということが本当に課題で、良いヒントがあればぜひ伺いたいです。

司会　市民連帯ということは皆さんにとっても大きな関心であり、課題でありますので、この後もう少し時間をとって議論をしていきたいと思いますので、続けて梶原さんに回答いただきます。それから和田先生からも、北朝鮮という核武装した国が核放棄するということを公然と発言するような、すごい時代になっているのだというお話がありまして、それに関連してフロアの方からも一つ質問があるので同時に梶原さんにご回答いただければと思います。「潜在的な核武装のリスクというものをどういうふうに認識しておけばいいのか」という質問です。それも踏まえてコメントいただければと思います。

梶原　ありがとうございます。まず北朝鮮が自ら核武装に走りながら、それをなくすと公言していることをどう活かすかということ点ですけれども。グローバルレベルと日本のナショナルなレベルで活かせると思います。

一つは、核禁条約に限らず、核兵器を巡る問題で、この間ずっと核保有国は北朝鮮の核ミサイル開発が主たる脅威だから核兵器禁止の措置はとれないと言ってきました。それが今、朝鮮半島の完全な非核化に向けてこうやってなくなっているわけです。これには、南北朝鮮の努力、韓国のイニシアティブということもあるんですけども、国連ですとか、NPTの場所で、核禁条約を推進したようなオーストリアだとか、アイルランドとかメキシコ、そういった国々が、南アフリカも含めて、今回の北朝鮮の朝鮮半島をめぐる核ミサイルの問題については、平和的解決しかないということを口々に主張したことも平和を求める国際世論のひとつになったかと思います。

ですから、こうした核兵器禁止・廃絶に努力する流れを大きく後押しする事態にも、今回の北朝鮮の姿勢というのはなると思うんですよね。

さらに言っておくと、北朝鮮自身は核兵器を禁止・廃絶することそれ自体には賛成する立場で行動してきました。２０１６年10月の国連総会の第一委員会の議論を紹介しておきますと、この時に、核兵器禁止条約の交渉会議を設置しろという国連総会決議が採択されました。その国連総会前の第一委員会という軍縮・安全保障を審議するところで北朝鮮は賛成票を実は投じています。このことは皆さん知っておいてください。

要は、世界レベルで核兵器がなくなって、北朝鮮の立場に立てば、自分たちに対する核の脅威がなくなれば進んで核を放棄するという姿勢は不変なわけです。そのことは今後も認識しておくべきだろうと思います。

あとナショナルなレベルということでいうと、やはり日本のこの外交・安保政策をどう抜本的に変えていくかという点ですね。今回の北朝鮮の、朝鮮半島をめぐる流れもそうですし、去年できた核兵器禁止条約も合わせて言えることなんですけども、少しずつではありますが日本のたとえば自治体であるとか、あるいは野党の側にも変化が表れています。

まず自治体という所でいうと、私たちは今、日本政府に対して自治体議会が核兵器禁止条約に署名批准せよと求める意見書を採択するよう運動を続けています。先日朝日新聞に取り上げていただきました。私どもの集計では、２９６の自治体が、この日本政府に対してこの核禁条約に署名・批准せよという意見書を議会で採択して、政府に提出しています（10月２日現在で３１２自治体議会）。

この中で核禁条約ができたということも大きいのですが、保守も含めた自治体の担当者、首長、またはその議会の議員の中にも、これだけ朝鮮半島で平和の流れができているんだから、日本は遅れてはならないという姿勢をとる方が増えてきています。もちろん、自然に増えたのではなく、私たち原水協や他の被爆者の皆さんを含めて草の根で署名を集めたり、平和行進をしたりそういう中で議論し申し入れをやるということの積み重ねがあるわけですけども。やはり草の根の運動の力で社会を変えていくことが地道ではありますが重要だと思います。

もう一つは政党という所でいうと、今年の1月、ＩＣＡＮ事務局長のベアトリス・フィン氏を招いて国会で国際政党・会派の代表が討論集会を行いました。そこでは、核禁条約に明確に賛同を示したのは、共産党、社民党、自由党、あとは参議院会派・沖縄の風だけでした。今年4月19日に立憲民主党が、外交安全保障政策の中に核兵器禁止条約への早期批准を求めるということを入れていました。

少しずつ、そういう変化はあるわけですね。あと世界大会のことでもう一つ紹介しますと、すべての野党にメッセージ・挨拶のお願いを出しています。去年は、共産党と自由党と沖縄の風からメッセージをいただきましたが、今年はそれらに加えて、無所属の会所属の岡田克也さんからメッセージが届き、かなり驚きました。そういうことで政治の動きも、市民社会の立場から後押ししていきたいと思っています。

当事者意識ということでいうと、前泊さんのお話を聞いて本当にそうだと思ったことがあります。脅威論に弱いということは、こういう自分の国の外で起きた事態を自然災害か何かのように認識しているだろうと思うんですね。自分たちの力で何かできると思っていないという点で運動の責任が問われる問題でありまして、日々悩んでいます。

ただ、情勢の、先ほど申し上げた通り、情勢の変化に応じた、行動をして少しずつ変化を生み出せるというところが一つ重要かなというふうに思っているのと。東北アジアの一員であるという認識をどう日本国内に広げていくかが課題です。

最後に、潜在的核武装論の話ですね。ご指摘のように日本には47トンのプルトニウムが存在しています。なぜかというと、非核保有国で唯一原発で出た使用済み核燃料の再処理を許されている国だからです。ただご存知の通り六ケ所村の再処理工場が、そもそもうまくいかないものなんですけども、稼働しないがためにどんどん溜まって47トンと、かなり核保有国並みの量が溜まっています。

これはどういうリスクがあるかというと、日本自身による核拡散ですね。これは東アジアの安全保障にとってかなりはっきりとした脅威でありまして、今の文在寅政権はそうではありませんが、朴槿恵政権の頃、保守政権の頃には、日本にこれだけプルトニウムが溜まっているだから韓国にも再処理の権限を許可しろという議論がかなりありました。そういう議論が広がると、やっぱりそのプルトニウムを保有したいと思う国が増えるわけで、当然潜在的に核保有の国が増えるリスクが増すということですから、まったくよろしくありません。

ですから私たちは原発もなくせということで、活動していますけどもアジアの安全保障、平和ということを考える上でも、今日林先生から台湾の脱原発ということがありましたけれども、日本の脱原発・原発ゼロも、焦眉の課題だということもコメントしておきたいと思います。ありがとうございました。

司会　本日のシンポジウムの副題にも、「アジアの市民連帯を考える」とあります。その際のキーワードが、「信頼」やその逆の「相互不信」ということかと思います。国同士が相互不信に基づいて核保有をするということは、もちろん、相互の信頼ということとはまったく真逆の行動にありますので、それを急に国家レベルの政策を変えていくというのはもちろん非常に難しいことです。そこで、できるだけ相互信頼に基づいて、共存という道を模索していくときに我々市民のレベルでいったいどういうことが課題となっていて、どのような可能性があるのかということをそれぞれの分野あるいは地域の視点でもう一言ずついただければと思います。

また、今の点に補足で、李俊揆さんには、キャンドル革命の背景やその動きについての質問がきています。ジョイスさんに対しては、NGOとして、先ほどはどちらかというと運動の話だったんですが、国際機関や政府との関係をどうつくっているのかということについても質問がありました。関連すると思いますのでもし触れられるようでありましたら、よろしくお願いします。

梶原　ありがとうございます。特に朝鮮半島の非核化というところでいいますと、一定やっぱり脅威論ですとか、北朝鮮はそうはいっても約束を守らないんじゃないのというのは、私たちが街頭でヒバクシャ国際署名を集めていても出ます。草の根の声として。そういうものに対する対応というものがやっぱりいるのかなというふうに思います。運動の役割として、宣伝だとか学習を強めるような方策がいるのかなというふうに思います。特にアジアで重要かなと思うのは、若者にどう平和運動など反核の課題に取り組んでもらうかというところだろうと思います。全世界的に、アジアでも、台湾でも韓国でも、新自由主義経済の問題で若い世代が立ち上がって社会変革に取り組んでいますが、日本は若干様相が違うという印象が否めません。

ただ、世界大会にはそうはいっても、参加者の半数は20～30代でありまして、そういう人たちへの若者の教育だとかエンパワーメントに原水協としても力を尽くしていきたい。特に今年、世界大会は、アメリカからもそうですし、韓国からも台湾からも若い参加者がありまして、日本の若者との交流企画も組んでいます。そういったものも成果を社会に返していきたいなと思っているところです。短いですが以上で。

ジョイス　最初の相互不信をどう乗り越えるのか、どうやってお互いに理解できる関係をつくっていくのかということは、これは非常に長期に考える必要があると思います。そのためには、例えば若い人たちを集めてお互いのことをまず知り合って、まず友情関係をつくって、そこから未来を一緒に築いていくということが根本的に必要だと思います。ピースボートの活動はまさにそれを目指してやっています。

お互いのことをまず知ること、そして同じ仲間であること、同じ人間であることということを実感することがすごく重要だと思います。例えば少し極端な例かもしれませんが、先日、北朝鮮でずっと支援をされてきた、アメリカのNGOの方といろいろと話をする機会がありました。彼女は初めて北朝鮮の農場に行き、そこの地元の人たちと話したときに、「あなたも人間なんだね」と直接言われたのだそうです。

それはやはりずっと敵国といわれ、メディアでも学校でも、そういうふうにそれぞれが教育されてきた。ですので、まずそれぞれ人間であるということを実感するということが重要だと思うのです。米朝という極端な例だからかもしれませんが、アジアの国同士でも同じようなことがいえるケースもあるのではないかと思っています。

そのようにお互いに本当に友だちになるところから始まるんですね。それが必ずしも同じ意見を持たなくても良いので意見交換ができるような関係をまずつくる。それを長期的に若い人たちを巻き込んで、次の世代でもお互いに関係をつくっていく、すごく小さいことかもしれないけれど、根本的に長期的に解決するためにはそういったことが必要だと思います。

そしてその次にやはり、特にNGOや会議や集会などに問われることは、話し合いや相互の理解をつくったうえで、どのように具体的な政策の提言などにつなげていくかということですね。

たとえば非核化の問題になりますと、安全保障に関する不安や恐怖があるから、核武装するということになります。しかし、お互いが安全だと感じることができる地域をどのように築いていくのかが大切です。例えば東北アジアの非核地帯というのは、一つとても象徴的なことだと思います。

ここでも、去年核兵器禁止条約が採択されてから議論になっていることの一つは、例えば韓国と日本が同時に核禁条約に加盟したらどうか、ということです。お互いにとって安全な環境をつくっていく、そのためにはやはり国家レベルでの動きが必要ですが、国家にどういう動きが求められるのか、ということを市民側から具体的に提示をしていくことが必要だと思います。

それは必ずしも安全保障という分野ではなくても、例えば災害のときのお互いの救援や、経済協力など、様々な分野にもいえることです。特に東北アジアで、地域の機構が存在しない中で、そういったメカニズムを具体的に提示していくということが市民社会の役割だと考えています。

国際機関や政府とどのように関わっているのかということも、今話したこととすごく関係しています。やはり市民社会の考えを具体的に提案していくということですね。先ほども核兵器禁止条約に関して、外務省との対話などが日本のNGOの中でされているということもありました。同じように東北アジアのレベルでも、例えばこういった会議で話し合った内容をそれぞれの国の外務省に持っていく、それぞれの国の外務省とも面会を求めて、市民社会からの提案や市民社会の活動を持ちかけることが大切です。残念なことに、今までは、そうした市民社会からの働きかけに対して、ポジティブな政府がこの地域にはなかなか存在していなかったのですが。

韓国の政権交代や米朝の交渉なども受けて、少しずつ平和プロセスにどういうふうに実際に関わっていくのかということが現実味を帯びてきました。日本も含めて今は積極的ではなくても、いつかは必ず参加しなければいけないときが来ます。それに向けて市民社会として、具体的な政策提言などをしていくことが重要です。

小さい規模ではありますが、GPPACという枠組みではそうした活動を少しずつしてきています。核兵器禁止条約に関しては、国連機関と市民社会が非常に近い距離で活動してきました。しかし朝鮮半島の問題になりますと国連の役割は違ってきます。朝鮮戦争に実際に国連軍が参加していたという歴史もありますし、今でも韓国と北朝鮮の間の非武装地帯のDMZもあります。実際は米軍なんですけれども、「国連軍」として、国連が関係しているという構造がありますので、朝鮮半島の問題になりますと、どうやって国連と一緒にやっていくのかということは非常に複雑になります。GPPACとしては例えば、具体的に一つやっているのは、国連の中の紛争の仲介や紛争の解決などをしている部署と密に意見交換をして、情報の交換などをしながら、国連がどのように建設的に関わっていけるのかという話し合いをしています。かなり実務的な話になりましたが、以上です。

前泊　相互不信をどうやって解決していくのか。某首相経験者に沖縄関連の取材をした時の話です。46年前の沖縄返還密約の問題ですね。外務省が沖縄返還の際に結んだ密約があるんですが、実はその密約に関わったのは外務省アメリカ局の吉野文六さんとか外務省関係者の名前が出ていますけど、お金を出したのは大蔵省です。大蔵省がお金を出さなかったら外務省は動けなかったはずだと思って調べたら、関わったのは当時の大蔵大臣でした。

その後首相も経験した元大蔵大臣のご子息に、「お父さんの大蔵大臣時代のメモがほしい」とご子息の事務所に電話したら「そんなものはない」というんですね。「ないというのは（ご子息）本人に確認してから返答しろ」と怒ったら、「私はその（ご子息）本人です」ということになって、冷や汗をかきました。そのご子息に、その後お会いしてお話を聞いた時に、「日本の総理大臣は中国脅威論を言うけれども、総理としてはそう言わざるをえないのか」と尋ねると「総理大臣で中国脅威論を言わない人はまずいない」と言いました。そこで、「総理を辞めた後もそう思うのか」と尋ねると、「辞めた後まで中国脅威論を言うバカはいない」といいました。ご子息も首相経験者です。その話を聞かされると「なぜ脅威論を使うのか」「なぜ脅威論が必要なのか」という疑問が出てきます。この国は政治の中枢に座るためには脅威をつくらなければならない、ということのような気がします。

それから中国の側も同じようにそれぞれの国で対外的に脅威を持たない限り求心力を持ちえないという政治のマキャベリズムの中で、そういう脅威論がつくられているような感じがします。

では、それをどうやって解決していくかというところです。沖縄から見ていると、脅威論を真に受けて、ソ連脅威論があれば沖縄の米軍基地は強化される、中国脅威論が出ると米軍基地がさらに強化される、そして北朝鮮脅威論があれば沖縄の基地が強化されて訓練が激しくなる。さらに中国脅威論が強調されると今度は、米軍基地がなかった宮古島や石垣島、与那国島まで自衛隊が配備され、新たな軍事基地が次々に強化されていく。そういうような流れでいくと、「それでは、いつになったら脅威論は消えるのか」と沖縄からは問い続けるしかない。これも元首相経験者から出た話です。「中国が脅威というのなら、なぜ日本の首相は中国に行って、習近平に直接会ってなぜ話しをしないのか」と苦言を呈していました。安倍首相のかつての盟友でもありますが、「どうも最近の安倍君は左半身不随のようだからと、右ばっかりが強くてしょうがないよ」という話もしていました。

「脅威論」に対しては、なぜ政権担当者は直接対話の機会をつくり、関係改善や脅威の除去に動かないのか、疑問に思います。国家代表同士が、直接話ができるようする。その機会をつくり、その機会を増やす。元首相経験者は「私は今一生懸命、中国と安倍政権をつないでいます」という話をしていました。そういうつないでいる話が新聞に出てくるのは動きが出てから3年後くらいです。あまりにもタイムラグがあり過ぎるということですね。

それから大分県で勉強会の講師に呼ばれた時のことです。一番前に見たことある顔だなあと思ったら、そこに明治大学出身の首相経験者が座っていました。村山富市さんです。その村山さんに「お久しぶりです。そこに座っていないで、むしろ演壇でお話をすべきではないのか」と促しました。すると、村山さんも「最近、安倍君があいうことばかりいうもんだから、韓国の大統領と今一生懸命つないであげているんだよ」という話をしていました。

元首相経験者が、政界引退後も、それぞれが役割を果たしている。その国と一生懸命つないであげているんですね。それでも、首相本人はなかなか会いに行かない、なぜ引っ込み思案なんだろうか。引っ込み思案の人を総理大臣にしたらですね、相互信頼がつくれないということになります。お友だちとだけつき合わず、少しは、そうでない人ともつき合えるような人を政治家に選んでいかないといけないと思います。人づき合いが苦手で、人づき合いが悪い人を政治家に、この国の代表に選び過ぎているような気がします。

あの人は、怖いから、苦手だから会いに行かないというのではなく、会って話をすればいい。あるいは月に一度は懇談の場を設ける、飲み会をセットして、アジアの大統領たちがみんな一堂に集まる。そんな機会を増やす。対話の機会をつくるのに、市民レベルに任せない。政治家は、そのためにいる。苦手だから、嫌いだから、あの人には会いたくない、あの国は苦手だから、もう行かない、などと言う政治家がいたら「だったら、もう政治家を辞めてくれ」というようなことを市民、有権者の側がむしろ突きつけなきゃいけない。政治家に非常に甘すぎるのがこの国だと思います。アジアの民衆は、自分たちが選んだはずの政治家を、なぜか恐れるようになり、批判すらできなくなる。政治家は怖い存在で、政治家に脅される対象が市民という形になっています。

沖縄をみると、安倍政権の下でとんでもない目にあっています。アメリカ軍の基地をつくるために、建設を強行するために、基地の周辺を警備するのに沖縄県警の機動隊員を使っていました。そして反対をするのが沖縄の人ということで、アメリカ軍の基地建設を政府が強行するためにウチナーンチュ（沖縄県民）同士が対立を強いられる。罵詈雑言を浴びせ合い、抗議行動をして、排除される。排除する側にいるのもウチナーンチュ。それをフェンスの向こう側から若い米兵たちが写メを撮って「おばあちゃんぐらいの、グランドファザー、グランドマザーの年寄りを、若い孫くらいの機動隊員が両手両足を掴まえて排除している。あまりに哀れでみていられない」とメールで送る。そのことを、米軍関係者から聞かされて、何も言えませんでした。

辺野古で起きている対立、混乱は、いったい誰のために、何のために起きているのだろうか。なぜ沖縄の人たち、日本人同士が、激しく対立し、暴言を吐き合い、非難しあっているのだろうか。しかも、その対立が、もう20年を超すのに、終わりが見えない。国民同士がぶつかり合っていることに対して、日本国民の誰も疑問に感じない。何のために必要な基地かも議論しないままに、それを政府が強行している。しかも、選挙で何度も示された「辺野古新基地建設反対」の民意をないがしろにする形で、基地建設が強行され、貴重なサンゴが埋め立てられていく。

政治家に対する信頼感を、日本国民は、おそらく持っていないと思います。じゃあなぜその政治家が選挙で選ばれるのだろうか。沖縄県の人口は、全国民の1%にすぎない。だから、99%の国民の皆さんが選んだ人のおかげで、民意は無視され、痛い目に遭っています。少数が、いくら選挙で精いっぱい民意を表明しても、99%の国民が選んだ過半数の政治家、政党によって、沖縄の民意は無視され、政権によって弾圧をされていく。

そういう状況の中で、沖縄では本土に対する不信感が高まっている。そういうことに対して、もう少し目配せをしていかないと、日本中が同じ目にあうことになる。例えば福島も同じですが、問題は放置されたまま、いつになったら避難がなくなるのかのめども立たないまま、7年が過ぎている。原発はいつの間にか再稼働され、放射性廃棄物の問題は忘れられてしまう。この国では、解決できない問題は、全部先送りをする。そして、それでも解決できない問題は、最後は「なかったことにする」という、この国の掟が動く。そんな掟を、そろそろなくして、問題を放置せず、解決に向けて動くことを始めなければならないと思います。

まずはみんなで解決をしていくことを考える。この国の政治家は、どうも品格もなければ、人格者でもない。品格と人格を備えなければ、風格ある政治家にはなれない。風格ある政治家がいて、初めて風格ある国になれる。そんな風格ある政治家が、今どこにも見当たらなくなったのが、この国です。せめて人格者を選ぶ、あるいは育てるという、人を育てるところから始まって、品格と人格を備え、風格を備えた政治家を送り出す。そんな政治家たちが、アジア中で誕生してくれれば、アジアの安全保障体制、経済発展のための道筋も見えてくると思います。

まずは身近な政治家を叩き直して、これはという人をしっかりと選挙に送り出し、当選させて、中央政界に送り出していく。市民レベルで、しっかりと政治家を生み育て、鍛えていく。この国の市民、国民は、政治家に対してもっと厳しい目を向けてほしいと思います。すみません、長くなりました。

林　私は沖縄に10年間住んだ経験があります。琉球大学で教鞭を執っていました。研究の内容は、沖縄を含むアイデンティティについてでした。行政的には沖縄の管轄下に置かれている尖閣諸島、これはセンシティブな問題でありますが、この問題に対して沖縄社会はいろいろな考えを持っていると思います。そこで私が注目しているのは、沖縄社会にとってのコアバリュー、最も大切にしている価値観である平和についてです。沖縄社会は、基地問題に対して、常に高い関心と怒りを持ち続けてきました。日本本土や政府には平和に対する理解力が足りていないのではないかと、沖縄社会は認識していると思います。

中国は海洋戦略を立てており、沖縄の宮古海峡を中国船が通過したり、飛行機も近くまで飛んでくるというような状況があります。沖縄社会は必ずしも中国のこのような行動を歓迎していないと思います。沖縄県庁で行われてきたアンケート調査結果によると、２０１２年の尖閣問題が勃発してから、中国に対する親近感が「ない」と答えた人が9割になりました。沖縄から見れば、中国は平和への理解力が欠けているのではないかと見えると思います。相手は誰か、ということではなくて、沖縄にとっての安全、沖縄社会の考え方を理解する努力が必要なのかと思います。

李　まず、ジョイスさんのお話で、南アフリカ共和国の話が出ていて申し上げたいんですが。実は北朝鮮の核問題の解決に適用できるモデルに関する議論は結構前からありました。韓国でもすごく活発です。でもこれらの議論がアメリカに行ってしまえばですね、アメリカの思惑が議論を歪曲してしまうところがあるんです。例えばリビアモデルの話をする時には、ＣＶＩＤ、すなわち「完全かつ検証可能な不可逆的な非核化」を徹底的にやったモデルとして取り上げられます。それから南アフリカ共和国の場合は非核化の速度ですね。私の記憶では、たぶん完全な非核化まで2年、3年かかったそうです。北朝鮮の非核化措置にその速度を強制することですね。そういうふうになってしまうので、実は何かのモデルをいうのがすこし言いづらいところがあります。

中央アジアのカザフスタンモデル、そしてウクライナのモデルはですね、彼らは自らが選択して核武装した国々じゃないんです。ソ連が崩壊して突然、核武装国家になってしまった国なんです。

結局は、合意した具体的な原則があって、例えば、

「言葉対言葉」、「行動対行動」、それから「同時並行」、「段階的」など、その原則に沿って交渉をし実行していくしかないんです。実際にトランプ大統領もそういうふうに現実をちゃんと直視しているんじゃないんでしょうか。

ただ、問題はですね、トランプ大統領がアメリカ国内で政治的立場が弱いので、やっぱり初期段階、つまりフロントローディングで、北朝鮮が何か大胆にやってくれることを望んでいると見られるし、実際そういうふうに要求しているんですね。でも、もう一度申し上げますが、北朝鮮がそのような決断をするためには、アメリカが北朝鮮に対して何かの大胆な行動をとらなきゃならないんです。お互いそういう立場の違いがあると私は思いますね。

それから、不信の問題なんですが。私は東北アジアと東南アジアを含めてですね、この東アジアで相互不信の問題を二つの側面から申し上げたいと思うんです。

一つは根強く存在している戦争の構造だと思います。私は冷戦という言葉よりは、特に東アジアの話をする時は、「東アジア冷戦」という言葉を使っています。それは、私たちが普通冷戦と呼んでいるときの冷戦のイメージと、東アジアの冷戦の実体は違うと思うからです。なぜなら、いわゆる「冷戦の時代」に東アジアは熱戦でした。冷戦、つまり「Cold War」じゃなくて熱戦、「Hot War」でした。中国内戦、朝鮮戦争、第一次インドチャイナ戦争、第二次インドチャイナ戦争、そしてフィリピンなんかは今も共産主義ゲリラと、政府軍が理念的戦争を続けています。だから「Cold War」じゃなく「Hot War」なんですね。

そういう戦争の構造が、長くて根強く残っていると思うんです。やっぱりそういう戦争構造が不信の一つの構造的要因だと思うのです。その上で、「北朝鮮核問題」を考えれば、北朝鮮核問題ではアメリカと北朝鮮の間の相互作用の中で生じたお互いの誤解、不信があります。アメリカは北朝鮮に対して約束違反を繰り返してきたと言っている。その一方で、北朝鮮はアメリカに対して、あなたたちはいったい何をやってきたのか。あなたたちが問題解決のために行動したことはあるのかと言い返すんです。もちろんそのような応酬の相互作用の場合、事実関係の確認が重要だと思います。ほんとうに北朝鮮だけが約束違反を繰り返してきたのかということです。
もう一つはアイデンティティというのは変わるものだと私は思います。変えられると思うんです。ナショナルアイデンティティと国家間の関係のアイデンティティもそうです。

例えば、日本は北朝鮮を「脅威」として想定してるんです。一方、北朝鮮からすれば日本が宿敵です。歴史的にも恨みのある相手なんです。でもこういうアイデンティティも変えることができると思うんですね。ただ時間はかかると思うんです。

だから地域的アイデンティティの形成のきっかけになる多様な実験をやっていくしかないと思います。集団的体験は、集団の意識を変えることができると思います。朝鮮半島を例として取り上げればですね、北朝鮮の羅津《ラジン》・先鋒《ソンボン》という地域があります。地理的に中国、ロシア、北朝鮮三カ国が接している地域なんですが、そこに羅津・先鋒経済特区があるんです。国際的な協力を通して経済特区として発展すれば中国・ロシア・北朝鮮、それから日本もそっちにアクセスできるんですし、もちろん韓国も含めて国際的協力の場になれるんです。つまり「複合的な地域アイデンティティ（Complex Regional Identity）」づくりの実験・体験ができるわけですね。

北朝鮮は、金正恩時代に入って22個の経済特区・経済開発区を設置したんです。そういう経済特区というのは、結局外部からの資本が入ってこないと動かない。だから現在の平和プロセスが進展されれば、そのような地域的、多国的協力の実験の機会も開かれるんです。朝鮮半島平和プロセスの中にはそういういろんな材料があると思うんです。地域的アイデンティティを実験して、体験してみる。そういうことを通して、地域的アイデンティティを育てていくことが、私たちの目指すべきひとつの方向性だと思うんですね。

それから、潜在的核武装力の問題です。私も先ほど、東北アジア非核地帯を取り上げたんですが、日本で東北アジア非核地帯案を積極的に提案していた方が梅林宏道先生なんです。梅林宏道先生が活動されていたＮＧＯのカウンターパートだった韓国のＮＧＯが、私が政策室長と運営委員として活動していたＮＧＯでした。日韓の両団体が東北アジア非核地帯モデル案をつくり議論した時に、一番争点になったのがその核（武装）ポテンシャルです。

韓国はプルトニウム再処理も、ウラン濃縮も禁止されています。実験用の濃縮や再処理もできないんです。しかし日本は濃縮もできるし、再処理もできる。しかもプルトニウム工場と呼ばれる「六ケ所村」もある。こういうポテンシャルのアンバランスをどうするかが争点でした。でもそれらの問題もですね、私は東北アジア非核地帯の必要性を証明してくれる根拠だと思うんです。朝鮮半島の非核化、それから日本もその非核化プロセスの中に入ってきて、三カ国が非核地帯の中心になること、それで三カ国が非核平和のメッセージの発信地として役割を果たしていくことです。相互不信の解消にも役に立つんでしょう。

最後にキャンドル市民革命に関する質問ですね。「動員」の原動力に関しては、私は歴史的に考える必要があると思います。韓国は民主化の歴史で、下からの運動で政権を倒した体験があります。そのような体験が社会的意識に潜在しているんじゃないかと思います。それと、すこしつけ加えたいのは、文化的側面です。去年のキャンドル集会は、組織された市民というよりは自発的に、自主的に参加した市民が主役でした。それから文化的に、負担なく軽く参加して、何よりもとても楽しくやるという雰囲気でした。

2002年のキャンドル集会もそうだったんですし、2008年のBSE問題のキャンドル集会もそうだったんですね。そういう文化的な延長線の上に今回のキャンドル集会があったと思います。もう一つは、やっぱり社会的・経済的問題も背景にあったと思うんですね。朴槿恵政権が嫌だから、朴槿恵政権が腐敗したから、そういう動機だけでは寒い冬の中で何カ月にわたって何百万人が集まるということはできなかったんだと思うんです。凝縮していた社会経済的問題、その問題を抱えている世代や人々が、積極的に行動したところがあると思うんです。

和田　良いお話でしたので、何も申し上げることはありませんが、この地域の人々が不信を、相互不信を解いていく、そして過去の歴史的な様々な苦しみから解き放たれていくためには、やっぱり歴史認識を共通の歴史認識を持つことだと思います。政府もいろいろなことをしまして結局もう、日本と韓国、日本と中国でやりましたが結局、話はつかないというようなことに結論はなってしまっていますが。

そうではありません、やっぱり完全な歴史の認識を一致させることはできないとしても、しかしある部分で共通な認識を持つことができれば、そしてその共通の認識を持つことによって、初めて人々は過去を乗り越えていくことができる、そしてお互いを信頼していくことができると私は思います。そのことだけ、最後に。

司会　相互不信を乗りこえるというのは、非常に息の長い、しかも複雑なプロセスがかかろうかと思いますので、ぜひこういう交流の場を継続させていきたいと思います。本日は、ありがとうございました。

■著者略歴（報告順）

和田春樹（わだ　はるき）

1938年生まれ。東京大学名誉教授。専攻はロシア近現代史、現代朝鮮研究。著書に『ロシア革命――ペトログラード1917年2月』（作品社、2018年）、『米朝戦争をふせぐ――平和国家日本の責任』（青灯社、2017年）、『北朝鮮現代史』（岩波書店、2012年）など多数。

李俊揆（い　じゅんきゅ）

1973年生まれ。高麗大学・同大学院政治外交学科卒業（政治学修士）。北韓大学院大学（ソウル所在）博士課程修了（北朝鮮政治・朝鮮半島南北関係）。平和ネットワーク政策室長・運営委員、明治学院大学研究員、民主労働党・進歩新党政策委員、大統領直属民主平和統一諮問会議委員などを経て、現在キョレハナ平和研究センター研究委員。共著に『東北アジア非核地帯』（サルリム、2005年）、『核兵器はなくせるか』（かもがわ出版、2009年）など。韓国のインターネットメディアや週刊誌に、朝鮮半島と東アジア国際政治に関する多数の記事を寄稿。

林泉忠（りむ　ちゅあんてぃおん）

東京大学大学院政治学研究科博士後期課程修了。東京大学博士（法学）。琉球大学法文学部准教授などを経て、現在、台湾中央研究院近代史研究所副研究員。専攻は国際政治学。

著書に『「辺境東アジア」のアイデンティティ・ポリティクス――沖縄・台湾・香港』（明石書店、２００５年）、『21世紀視野下的琉球研究』（台北：海峡出版、２０１７年）、『誰是中國人？――透視台灣人與香港人的身份認同』（台北：時報出版、２０１７年）など。

前泊博盛（まえどまり　ひろもり）

１９６０年生まれ。駒澤大学法学部卒、明治大学大学院修了（経済学修士）。現在、沖縄国際大学教授。84年琉球新報社入社。文化部、社会部、東京報道部、政経部などの記者を経て98年から編集委員。この間、沖縄国際大学非常勤講師（98〜２００１年兼務）。01年、九州大学大学院助教授（国際政治学）、編集委員兼論説委員、経営企画局次長、論説副委員長、紙面審査委員長、論説委員長を経て11年4月から現職。著書に『子供たちの赤信号――学校保健室はいま』（沖縄出版、１９８６年）、『もっと知りたい！本当の沖縄』（岩波書店、２００８年）、『沖縄と米軍基地』（角川書店、２０１１年）、共著に『検証「沖縄問題」』（東洋経済新報社、２００２年）、『検証地位協定――日米不平等の源流』（高文研、２００４年）など多数。

メリ・ジョイス（めり　じょいす）

１９８１年オーストラリア生まれ。メルボルン大学・京都大学卒業。２００５年より、ＮＧＯピースボートの国際コーディネーターとして、軍縮、平和構築など、様々なプロジェクトに携わる。「武力紛争予防のためのグローバルパートナーシップ」（ＧＰＰＡＣ）東北アジア地域事務局担当として、市民レベルでの対話や信頼醸成のための活動に取り組む。共訳書に大量破壊兵器委員会（西原正監訳）『大量破壊兵器――廃絶のための60の提言』（岩波書店、２００７年）、共著に *Reflections on Peace and Security in Northeast Asia: Perspectives from the Ulaanbaatar Process*（Uragsh-Orgil, 2017）など。

梶原渉（かじはら　わたる）

１９８６年生まれ。東京大学法学部卒業。現在、原水爆禁止日本協議会事務局。専攻は平和学。共編著に『18歳からわかる平和と安全保障のえらび方』（大月書店、２０１６年）、共著に『日米安保と戦争法に代わる選択肢』（大月書店、２０１６年）など。

■編　者

原水爆禁止２０１８年世界大会・科学者集会実行委員会

人文・社会・自然科学各分野の専門家およびＮＧＯ団体職員13名からなる実行委員会（構成は「おわりに」参照）。２０１８年3月立ち上げ。「東アジア非核化構想――アジアでの市民連帯を考える」をテーマとして、２０１８年7月29日に東京都内で学術集会を開催した。

おわりに

核兵器は、科学者の研究成果を基につくられました。そして広島・長崎をはじめ、世界各地でヒバクシャを生み出してきました。この歴史を前に、科学者は自己の研究成果に対して社会的責任を自覚し、その成果を平和的に利用するよう社会に働きかける――。そんな思いのもと、これまで本集会は開催されてきました。また本集会は、ヒバクシャの被害の実相を明らかにする、科学者によるヒバクシャ援護としての位置づけも有してきました。現在は、幅広く核と平和について考える集会として、その精神は引き継がれています。本年も、主に日本科学者会議に集う研究者ならびに市民活動家が実行委員会を結成し、集会の企画にあたりました。

現在の情勢は極めて流動的ですが、総体的にみても市民社会の力でいかようにも変えられるということが、このシンポジウムで明らかになりました。少なくとも核兵器禁止条約の締結から、すでに13カ国が批准しており（集会開催時、２０１８年9月末時点で19カ国）、「平和への権利宣言」も２０１６年に国連から出されました。また、日本には憲法9条という世界に誇るべき理念もあります。これらを武器にして、今後とも核兵器廃絶に向けた動きを強めていきたいと思います。

本年の科学者集会は、東京・御茶ノ水の明治大学を会場として、１４３人に参加いただき開催されました。開催にあたり、明治大学の教職員組合に後援いただいたほか、「平和と人権を希求するオール明治の会」のみなさんにも多大なるご尽力をいただきました。また、集会の趣旨に賛同いただきさまざまなかたちで支援をくださった皆さまへも、心より御礼申し上げます。

２０１８年10月

原水爆禁止２０１８年世界大会・科学者集会実行委員会

秋山道宏（明治学院大学）、岡田泰平（東京大学）、梶原渉（原水爆禁止日本協議会）、佐々木啓（茨城大学）、佐藤和宏（東京大学）、＊佐藤克春（大月短期大学）、鈴木航（文教大学）、土肥有理（明治大学）、新井田智幸（東京経済大学）、浜田盛久（海洋研究開発機構）、真嶋麻子（日本大学）、森原康仁（三重大学）、山崎文徳（立命館大学）　＊実行委員長

東アジア非核化構想
——アジアでの市民連帯を考える

2018年11月15日　初版第１刷発行

著　者　和田春樹、李俊揆、林泉忠、前泊博盛、
　　　　メリ・ジョイス、梶原渉

編　集　原水爆禁止2018年世界大会・科学者集会実行委員会

発行者　新舩 海三郎

発行所　株式会社 本の泉社
　　　　〒113-0033 東京都文京区本郷2-25-6
　　　　TEL. 03-5800-8494　FAX. 03-5800-5353

印　刷　亜細亜印刷 株式会社

製　本　株式会社 村上製本所

ＤＴＰ　木椋 隆夫

乱丁本・落丁本はお取り替えいたします。本書の無断複写（コピー）は、著作権法上の例外を除き、著作権侵害となります。

ISBN978-4-7807-1914-7　C0036